POESIA
QUE
TRANSFORMA

BRÁULIO BESSA

—

POESIA QUE TRANSFORMA

Ilustrações **Elano Passos**

SEXTANTE

Edição
Nana Vaz de Castro

Revisão
Hermínia Totti e Ana Grillo

Projeto gráfico, diagramação e capa
Angelo Bottino e Fernanda Mello

Foto de capa
Igor Barbosa

Ilustrações de miolo
Elano Passos

Impressão e acabamento
Bartira Gráfica

CIP-BRASIL. CATALOGAÇÃO NA PUBLICAÇÃO
SINDICATO NACIONAL DOS EDITORES DE LIVROS, RJ

B465p	Bessa, Bráulio
	Poesia que transforma/ Bráulio Bessa; Rio
	de Janeiro: Sextante, 2018.
	192p.; il.; 14 x 21cm.
	ISBN 978-85-431-0575-8
	1. Poesia brasileira. I. Título.

18-49734	CDD: 869.1
	CDU: 82-1(81)

Todos os direitos reservados, no Brasil,
por GMT Editores Ltda.
Rua Voluntários da Pátria, 45 – Gr. 1.404 – Botafogo
22270-000 – Rio de Janeiro – RJ
Tel.: (21) 2538-4100 – Fax: (21) 2286-9244
E-mail: atendimento@sextante.com.br
www.sextante.com.br

Os versos de Bráulio Bessa
Têm o badalar do sino,
Sua rima sertaneja
Vai apontando o destino
Do caminho que nos leva
À alma do nordestino.

— ANTONIO FRANCISCO

Dedico este livro a você,
que ao sentir minha poesia
se emociona, se transforma
e faz de mim alguém que serve
para alguma coisa boa.

Sumário

Apresentação

No final de 2014, a produção do programa *Encontro com Fátima Bernardes* me procurou pela primeira vez. Desde 2011, eu mantinha uma página no Facebook com mais de um milhão de seguidores, a Nação Nordestina, e naquela época viralizou um vídeo em que eu aparecia declamando o poema "Nordeste independente", de Bráulio Tavares e Ivanildo Vila Nova, que falava sobre o preconceito contra nordestinos. Como esse assunto estava na pauta do programa, me convidaram para falar. Quando vi o e-mail com o assunto "Encontro com Fátima Bernardes", pensei logo: é vírus!

Participei, via FaceTime, lá da cozinha da minha casa, em Alto Santo. Quando a apresentadora deu bom-dia, eu já a chamei de "Fatinha", para trazer para a intimidade (quem é o doido que fala com Fátima Bernardes pela primeira vez e já chega chamando de Fatinha? É muita "prafrenteza"!). Fiz uma participação de dois minutos falando de preconceito contra o povo nordestino. Mesmo a distância, pela internet, o pessoal da produção gostou desse primeiro contato.

Demorou uns dez dias e me chamaram de novo, dessa vez para ir pessoalmente ao programa, no Rio de Janeiro, falar sobre o jeito nordestino de ser. Era para eu bater um papo de uns cinco minutos com a Fátima e nem fiquei no sofá — falei da plateia mesmo, usando um chapéu de cangaceiro, ao lado de outras duas pessoas que iam falar do jeito carioca e do jeito paulistano de ser.

Eu nunca tinha ido a um programa de TV, mas foi tudo muito natural. Não tremi, conversei de forma divertida, real, e Fátima foi gostando do papo, das minhas histórias. Quinze dias depois me ligaram para ir de novo, dessa vez para falar sobre o poder de superação do nordestino, de sempre usar a inteligência, porque no programa estaria um menino do Ceará, João Vitor, que era estudante de escola pública e tinha tirado a maior nota do Enem no Brasil. Nesse dia eu fui para o sofá e troquei o chapéu de couro por um chapeuzinho do meu irmão, que acabou virando minha marca registrada. Aí, pronto! Era a chance de que eu precisava para declamar um poema. A mãe do garoto estava lá, ele falava muito da mãe, eu aproveitei e disse: "Eu tenho um poema sobre mãe." Aproveitei que o programa era ao vivo, dei uma de gaiato e declamei.

Pensei que, se tivesse uma oportunidade, queria me mostrar poeta. Nunca tinha visto um poeta popular nordestino, matuto, ter espaço numa Rede Globo da vida. Eu não tinha nada a perder: não tinha contrato, estava lá pela segunda vez e nunca tinha sido meu sonho estar na televisão. Queria me apresentar como poeta para, de repente, chamar a atenção de alguma editora, ser colunista de um jornal, poder escrever. Nunca imaginei que teria espaço na televisão.

Declamei meu poema sobre mãe e, quando terminou o programa, me chamaram e disseram: "Que coisa bonita, o que é isso?" Isso é poesia. "Mas que tipo de poesia?" Poesia popular nordestina, cordel. "Você escreve sobre tudo?" Escrevo. Meu sonho é transformar a vida das pessoas através da poesia. Para isso, tenho que escrever sobre tudo.

Em 2015 passei a ir ao *Encontro* de forma esporádica, mais ou menos como um especialista em cultura nordestina. Quando tinha como encaixar algum poema, me davam abertura e eu declamava ali mesmo, no sofá. Muitas vezes passava despercebido na conversa, era muito rápido.

Um dia Maurício Arruda, na época o diretor do programa, me disse: "Da próxima vez você vai declamar em pé." Perguntei se podia ser com pedestal, pois eu gosto de gesticular, e ele topou. Pedi que colocassem umas xilogravuras no telão, para dar essa ligação com o cordel, e ele topou também. Brinquei então que aquele seria o "meu quadro". Então vamos pôr um nome: "Poesia com rapadura". Fizemos desse jeito pela primeira vez no dia 8 de outubro de 2015, justamente no Dia do Nordestino, quando declamei o poema "Orgulho de ser nordestino". A repercussão foi tão boa que passamos a fazer toda semana.

Minha caminhada como ativista da cultura já era longa, mas essa virada da fama que veio com a TV foi muito rápida e difícil de entender. Pegou todo mundo de surpresa, inclusive eu. Ninguém esperava que um cara do interior do Ceará, com um sotaque carregado e uma mensagem simples, estivesse toda semana na televisão e fizesse os vídeos mais assistidos e compartilhados na plataforma da emissora na internet (mais de 140 milhões de visualizações apenas em 2017). Parece até mentira que um poeta popular tenha sido o artista mais assistido das redes sociais da Rede Globo no ano. Como disse o poeta Pinto do Monteiro: "Poeta é aquele que tira de onde não tem e bota onde não cabe."

Se parar para pensar, é fora da curva. Se um diretor ou produtor de TV propusesse um projeto semelhante, ninguém toparia. Só deu certo porque a coisa aconteceu de forma natural.

Sinto que é muito importante ter na maior emissora de TV do país um poeta que escreve literatura de cordel. Para uma parte do público, é muito representativo ver um cara do interior, que nunca foi de televisão, que não é ator nem cantor, sentado ali naquele sofá, ao lado de Tony Ramos, de Antônio Fagundes, e que não nega sua identidade — ao contrário, reforça. Existe um poder real de influenciar, em especial as crianças e os jovens, que veem um poeta sendo aplaudido na televisão, fazendo poesia. Isso gera um impacto grande, estimula muita gente a escrever.

Apesar de eu nunca ter sonhado com a fama, a televisão proporcionou o encontro da minha poesia com as pessoas. E pelas mensagens que recebo do público, posso comprovar, todos os dias, o incrível poder transformador da poesia.

Este livro é uma homenagem à poesia e a tudo o que ela me proporcionou. Além dos meus poemas, conto aqui minhas histórias e um pouco da minha trajetória como poeta e ativista cultural, e mostro como a poesia transformou a minha vida. Quis também dar voz às pessoas que me escrevem todos os dias contando como a poesia fez a diferença na vida delas. Por isso, no final do livro, há uma seleção de histórias impressionantes e comoventes.

Espero que a *Poesia que transforma* alcance cada vez mais corações.

Um cheiro,
Bráulio Bessa

Recomece

Quando a vida bater forte
e sua alma sangrar,
quando esse mundo pesado
lhe ferir, lhe esmagar...
É hora do recomeço.
Recomece a LUTAR.

Quando tudo for escuro
e nada iluminar,
quando tudo for incerto
e você só duvidar...
É hora do recomeço.
Recomece a ACREDITAR.

Quando a estrada for longa
e seu corpo fraquejar,
quando não houver caminho
nem um lugar pra chegar...
É hora do recomeço.
Recomece a CAMINHAR.

Quando o mal for evidente
e o amor se ocultar,
quando o peito for vazio,
quando o abraço faltar...
É hora do recomeço.
Recomece a AMAR.

Quando você cair
e ninguém lhe aparar,
quando a força do que é ruim
conseguir lhe derrubar...
É hora do recomeço.
Recomece a LEVANTAR.

Quando a falta de esperança
decidir lhe açoitar,
se tudo que for real
for difícil suportar...
É hora do recomeço.
Recomece a SONHAR.

Enfim,

É preciso de um final
pra poder recomeçar,
como é preciso cair
pra poder se levantar.
Nem sempre engatar a ré
significa voltar.

Remarque aquele encontro,
reconquiste um amor,
reúna quem lhe quer bem,
reconforte um sofredor,
reanime quem tá triste
e reaprenda na dor.

Recomece, se refaça,
relembre o que foi bom,
reconstrua cada sonho,
redescubra algum dom,
reaprenda quando errar,
rebole quando dançar,
e se um dia, lá na frente,
a vida der uma ré,
recupere sua fé
e RECOMECE novamente.

"**R**ecomece" foi o poema que acabou se tornando meu "clássico", por assim dizer. Muita gente pensa que ele surgiu por causa de algo que aconteceu na minha vida. Mas não foi bem assim. A origem desse poema é a seguinte: em julho de 2017, recebi a pauta do programa *Encontro*, para fazer um poema, e logo fiquei muito comovido com a história. Estaria presente uma menina chamada Laura Beatriz, que sete anos antes, em 2010, perdera vários familiares num deslizamento no morro do Bumba, em Niterói. Na noite da tragédia, ela fora entrevistada pela Fátima Bernardes, numa de suas últimas coberturas fora do estúdio, para o *Jornal Nacional*. E mesmo criancinha, aos 8 anos, a menina havia passado muita força.

Já estava tudo se desenhando para ser um programa emocionante, a história mexia com todo mundo. Foi uma responsabilidade muito grande para mim falar sobre aquele assunto, e Laura Beatriz foi a inspiração do meu poema. Busquei no YouTube pela matéria da época do deslizamento, parei e assisti. O que eu diria para aquela menina? Se eu estivesse vivendo aquilo, o que precisaria escutar? Fui movido por um sentimento de empatia. Todo dia é dia de recomeçar.

Comecei a escrever e no meio do poema me dei conta de que, ao falar para Laura Beatriz, no fundo estava falando para todo mundo, independentemente da dor ou do motivo do recomeço, alguns menores, outros tão devastadores. De alguma forma, todo mundo está sempre recomeçando.

"Recomece" tocou muitas pessoas em momentos importantes de suas vidas. É um poema que eu mesmo leio para me sentir melhor. Eu me coloco no papel de leitor, esqueço até que fui eu que escrevi. Tem coisas que escrevo e parece que é alguém que está me dizendo, é como se eu nunca tivesse escrito aquilo. Às vezes causa um impacto em mim mesmo, como é o caso deste poema.

Recebi muitos depoimentos tocantes sobre "Recomece", principalmente pelas redes sociais. Um senhor de Manaus, por exemplo, vendia pastéis na rua, num carrinho, mas, como não estava dando certo, desistiu e resolveu procurar emprego. Depois de 15 dias buscando, sem achar nenhuma oportunidade, ele estava no ônibus quando a esposa enviou, pelo celular, o vídeo com "Recomece". No ônibus mesmo ele assistiu e algo mudou dentro dele. Quando voltou para casa, pegou o carrinho que estava na garagem, pintou de outra cor, pesquisou outras receitas de pastéis, mudou de lugar na cidade e... recomeçou. Sua mensagem terminava assim: "E deu certo, cabra!"

Uma moça de Santa Catarina escreveu contando que estava no consultório médico e tinha acabado de receber uma notícia devastadora, um diagnóstico de câncer. Ela estava saindo da sala com um sentimento de dor, despedida, derrota, desânimo. Mas, quando passou pela recepção, olhou para a televisão e eu ia começar a declamar "Recomece". Então ela parou e assistiu ali mesmo, em pé.

Muita gente relatou coisas bonitas a respeito do que eu escrevo, mas o que essa moça falou foi a coisa mais linda que alguém já disse sobre o que eu faço: "Foi a oração mais bonita que eu já ouvi na vida." Para ela foi uma oração, algo divino, espiritual. Quando abriu a segunda porta, para ir para casa, foi com um sentimento de renovação, como se tudo aquilo estivesse acontecendo na sua vida para que ela recomeçasse e recuperasse muita coisa que tinha perdido. E ela finaliza: "E deu certo."

É claro que, quando escrevi "Recomece", eu não tinha noção da existência dessas pessoas, muito menos de seus problemas. Mas é como se o destino, como se Deus tivesse colocado tudo para acontecer dessa forma. São as mesmas palavras, escritas pela mesma pessoa, ditas no mesmo momento, e a poesia pega dois casos tão distintos e de alguma forma abraça os dois, conforta, melhora, transforma.

Para mim, é uma grande felicidade ter tido a chance de escrever este poema e saber que ele chegou a tanta gente. Acho que, dos meus poemas, este foi o que mais ajudou as pessoas, o que mais serviu. Acredito que a minha missão é servir, e "Recomece" é um símbolo disso. E ele me ajuda também. Confesso que, quando está doendo em mim, eu também me abraço com esse poema.

Gosto de comparar a poesia a um abraço, que consegue fazer um carinho na alma sem nem saber qual é a dor que você está sentindo. A poesia se adapta à sua dor. É um abraço cego e despretensioso, como quem diz: "Venha! Tá doendo? Pois deixe eu dar um arrocho, que vai lhe fazer bem."

A corrida da vida

Na corrida dessa vida
é preciso entender
que você vai rastejar,
que vai cair, vai sofrer
e a vida vai lhe ensinar
que se aprende a caminhar
e só depois a correr.

A vida é uma corrida
que não se corre sozinho.
E vencer não é chegar,
é aproveitar o caminho
sentindo o cheiro das flores
e aprendendo com as dores
causadas por cada espinho.

Aprenda com cada dor,
com cada decepção,
com cada vez que alguém
lhe partir o coração.
O futuro é obscuro
e às vezes é no escuro
que se enxerga a direção.

Aprenda quando chorar
e quando sentir saudade,
aprenda até quando alguém
lhe faltar com a verdade.
Aprender é um grande dom.
Aprenda que até o bom
vai aprender com a maldade.

Aprender a desviar
das pedras da ingratidão,
dos buracos da inveja,
das curvas da solidão,
expandindo o pensamento
fazendo do sofrimento
a sua maior lição.

Sem parar de aprender,
aproveite cada flor,
cada cheiro no cangote,
cada gesto de amor,
cada música dançada
e também cada risada,
silenciando o rancor.

Experimente o mundo,
prove de todo sabor,
sinta o mar, o céu e a terra,
sinta o frio e o calor,
sinta sua caminhada
e dê sempre uma parada
pelo caminho que for.

Pare, não tenha pressa,
não carece acelerar,
a vida já é tão curta,
é preciso aproveitar
essa estranha corrida
que a chegada é a partida
e ninguém pode evitar!

Por isso é que o caminho
tem que ser aproveitado,
deixando pela estrada
algo bom pra ser lembrado,
vivendo uma vida plena,
fazendo valer a pena
cada passo que foi dado.

Aí sim, lá na chegada,
onde o fim é evidente,
é que a gente percebe
que foi tudo de repente,
e aprende na despedida
que o sentido da vida
é sempre seguir em frente.

Se

E se ninguém me der força
E se ninguém confiar
E se eu for invisível
E se ninguém me enxergar
E se eu perder a fé
Se eu não ficar de pé
Se eu voltar a cair
Se a lágrima escorrer
Se, por medo de sofrer
eu pensar em desistir.

E se quando eu cair
ninguém me estender a mão.
E se quando eu me perder,
sem rumo, sem direção,
Se eu não achar o caminho
Se eu estiver sozinho
no labirinto da vida.
E se tudo for escuro
Se eu não vir um futuro
na estrada a ser seguida.

E se esse tal futuro
for pior do que o presente
E se for melhor parar
do que caminhar pra frente
E se o amor for dor
E se todo sonhador
não passar de um pobre louco
E se eu desanimar,
Se eu parar de sonhar
queda a queda, pouco a pouco.

E se quem eu mais confio
me ferir, me magoar
E se a ferida for grande
E se não cicatrizar
Se na hora da batalha
minha coragem for falha
Se faltar sabedoria
Se a derrota chegar
E se ninguém me abraçar
na hora da agonia.

E se for tarde demais
E se o tempo passar
E se o relógio da vida
do nada se adiantar
E se eu avistar o fim
chegando perto de mim,
impiedoso e veloz,
sem poder retroceder,
me fazendo perceber
que o SE foi meu algoz.

E se eu pudesse voltar...
Se o SE fosse diferente
Se eu dissesse pra mim mesmo:
Se renove, siga em frente.
Se arrisque, se prepare
E se cair jamais pare
Se levante, se refaça,
Se entenda, se reconheça
E, se chorar, agradeça
cada vez que achou graça.

Se desfaça da preguiça,
do medo, da covardia
Se encante pela chance
de viver um novo dia
Se ame e seja amor
Se apaixone, por favor,
Se queira e queira bem,
Se pegue, se desapegue
Se agite, desassossegue
E se acalme também.

Se olhe, se valorize
E se permita errar
Se dê de presente a chance
de pelo menos tentar
Se o SE for bem usado,
o impossível sonhado
pode se realizar.

Se arrisque, se prepare
E se cair jamais pare
Se levante, se refaça,
Se entenda, se reconheça
E, se chorar, agradeça
cada vez que achou graça.

Bráulio Bessa

#PoesiaQueTransforma

Sonhar

Sonhar é verbo, é seguir,
é pensar, é inspirar,
é fazer força, insistir,
é lutar, é transpirar.
São mil verbos que vêm antes
do verbo realizar.

Sonhar é ser sempre meio,
é ser meio indeciso,
meio chato, meio bobo,
é ser meio improviso,
meio certo, meio errado,
é ter só meio juízo.

Sonhar é ser meio doido
é ser meio trapaceiro,
trapaceando o real
pra ser meio verdadeiro.
Na vida, bom é ser meio,
não tem graça ser inteiro.

O inteiro é o completo,
não carece acrescentar,
é sem graça, é insosso,
é não ter por que lutar.
Quem é meio é quase inteiro
e o quase nos faz sonhar.

O quase é estar tão perto,
é quase encostar a mão,
todo quase é quase lá,
todo lá é direção,
é a vida quase dizendo
e você quase entendendo,
basta ver com o coração.

É amigo e inimigo...
quase agi, quase tentei,
quase achei que era possível,
quase ouvi, quase falei
e, claro, o principal quase
que é o quase acreditei.

Acredite que sonhar
também é compreender
que nem sempre o que se sonha
é o melhor pra você
e que não realizar
nem sempre será sofrer.

Sonhe sempre e seja grato
pelo sonho que já tem,
repare cada detalhe
das coisas que fazem bem,
o pouco que hoje é seu
é o muito pra alguém.

Ter um chão para pisar,
um sol pra lhe dar calor,
ter o ar pra respirar,
ter saúde, ter amor,
ter tudo isso já faz
de você realizador.

Seja sempre inquieto
e vez por outra paciente.
Parece contraditório,
soa meio diferente,
às vezes pisar no freio
também é andar pra frente.

A vida não é tão simples,
viver não é só sorrir,
a lagarta que rasteja
rasteja pra evoluir,
se transforma em borboleta,
depois voa por aí...

Meu sonho de ser poeta começou aos 14 anos, com um trabalho escolar. A tarefa era pesquisar sobre a vida de autores brasileiros, e eu, por acaso, peguei Patativa do Assaré. Nunca tinha ouvido falar e não fazia a menor ideia de quem era. Fiquei com uma inveja de quem pegou Carlos Drummond de Andrade... Enfim, fui para a biblioteca e a moça me entregou dois livros. Um deles era grande como uma revista e na capa estava ele, Patativa, segurando uma bengala, na frente de uma casa de taipa, usando seus característicos óculos escuros. Aquela imagem de sertanejo me fez ficar apaixonado. Deixe Carlos Drummond de Andrade pra lá, eu quero é ficar com esse cabra mesmo!

Levei para casa e fiquei hipnotizado. Li os poemas, e essa coisa da rima, da métrica, não me cansava, eu queria ler mais. Os poemas falavam do povo, do Ceará, da seca, e eu me enxergava dentro daquilo tudo, entendia que ele estava falando de mim, dos meus avós, dos meus pais, dos meus vizinhos, do meu universo. Fui me encantando e foi um choque pra mim, porque me vi querendo ser poeta.

Eu queria ser que nem Patativa do Assaré e um dia lançar um livro também.

Foi esse o primeiro choque de transformação. Vi que a poesia podia transformar vidas e falei isso de forma muito superficial para mim mesmo, sem perceber que eu estava sendo transformado naquele momento. Aos poucos, o meu sonho passou a ser me tornar poeta, lançar um livro e transformar vidas. Até então, o meu sonho de adolescente era usar camiseta de marca e ter um videogame. Olha a transformação em um menino de 14 anos só com um livro na mão! Não foi ninguém que chegou falando, não fui pra psicólogo, minha mãe não ficou me dando conselhos. Nada disso. Foi o meu contato com a leitura, com a poesia, com a história do autor que me fez ver que era possível, porque estava acontecendo comigo.

Coloquei na cabeça que queria ser poeta, mas não sabia se tinha o tal do dom — coisa que até hoje não entendo muito bem. Eu não sabia se tinha o talento, mas tinha o sentimento, a vontade. Acho que vontade é um dom: eu queria tanto, que Deus decidiu me usar como instrumento para um plano dele. E eu tinha coisas para dizer. Então sentei e comecei a escrever. Peguei um poema de Patativa, olhei como era a construção (era uma sextilha), escrevi uma coisa, escrevi outra, saiu meu primeiro poema:

Ah, se eu fosse um Patativa
Que canta por todo canto,
Canta a seca e a fartura,
A alegria e o pranto.
Seu canto no Assaré
Me encantou em Alto Santo.

E assim comecei a exercitar. Escrevia sobre os moleques que jogavam bola na rua... Não tinha noção de métrica, não tinha ninguém para me explicar. Mas eu olhava, sentia e tentava imitar. A poesia entrou na minha vida dessa forma.

Depois de alguns poemas escritos, ainda aos 14, 15 anos, veio a necessidade de apresentar o que eu escrevia. Eu fazia poesia mas não tinha pra quem mostrar. Resolvi transformar os poemas em peça de teatro. Na Escola Francisco Nonato Freire, onde eu estudava, estava sendo montado um grupo amador de teatro de rua, e meu amigo Roberto de Jesus me convidou pra fazer parte. O grupo se chamava Alto Arte, para fazer uma referência ao nome da cidade, Alto Santo. Não tinha professor de teatro na escola, nem ninguém que entendesse coisa alguma do assunto. Era mesmo só a molecada, num espírito "vamos fazer teatro", mas no princípio nem era por amor à arte.

No início dos anos 2000, o governo do Ceará promovia um festival de teatro que envolvia todas as escolas públicas. O prêmio para o grupo vencedor, além das medalhas e do troféu para a escola, era uma viagem para a praia e o Beach Park. Numa cidade do sertão como Alto Santo, a maioria que entrava no grupo de teatro (inclusive eu) era pensando em passar um fim de semana na praia com tudo pago... Só que, depois que você se envolve, fica contaminado por aquilo e passa a amar o universo do teatro de rua. E em 2002, na terceira vez que participamos do festival, nós ganhamos. Foi na cidade de Tabuleiro do Norte. Ficamos em primeiro lugar com uma peça que eu escrevi, chamada *Meu Ceará é assim*. Contava a história dos 400 anos do estado, toda em verso. Eu era o protagonista, e o meu personagem, chamado Ceará, era um retirante que andava com uma mala e, por onde passava, tirava de dentro dela uma parte da história do lugar, que era brilhantemente encenada pelos outros atores do grupo.

A gente fazia teatro de rua porque queria levar aquilo para a comunidade, e não ficar restrito ao público da escola.

Alto Santo não tem teatro, então levávamos o espetáculo para a praça. Como a cidade é pequena, pedimos dois tambores à direção da escola e fazíamos um cortejo, tocando pelas ruas, os rostos pintados com pasta d'água, e convidando o povo para assistir na praça. Foi aí que surgiu o Bráulio Bessa ativista, querendo mostrar a cultura popular e cobrar que o povo tivesse consciência dessa cultura, que não é valorizada nem pelo próprio nordestino. Depois disso ainda fiz parte de uma banda chamada Alto Samba — o nome, claro, era mais uma referência ao nome da cidade.

Mas então passei a ouvir com muita frequência que "com essa história de poesia você vai passar é fome, essa coisa de cultura, isso aí não dá dinheiro; você tem é que trabalhar pra ajudar sua mãe". Eu tinha 17 anos, meus pais eram separados, meu pai morava em São Paulo, minha mãe vivia com os três filhos, e muitas vezes, às quatro da manhã, eu me balançando numa rede, o galo cantando, ouvia o motor da máquina de costura ligado, era mamãe costurando para dar de comer a três meninos. Eu me senti muito pressionado nessa época. Minha mãe, costureira, meus dois irmãos mais novos, eu, o filho mais velho, com 17 anos. Era a hora de "decidir ser gente", como dizia meu avô, "a hora de decidir prestar". Naquele momento tive que tomar uma decisão.

Fiz vestibular e entrei para a faculdade de Análise de Sistemas em Limoeiro do Norte, cidade próxima de Alto Santo, levava 45 minutos de ônibus. Achei que a área de tecnologia fosse me dar dinheiro. E nesse momento realmente pensei que estava indo por outro ramo, outro caminho, me distanciando da poesia, da arte, da cultura. Estava disposto a fazer um sacrifício para ajudar minha família.

Mas não tem saída. Deus desenha um negócio do jeito dele, não adianta querer se meter.

Nunca é tarde

O tempo se escorrega
despretensiosamente,
não há força que segure
por mais que a gente tente,
cada minuto pra trás
foi um que andou pra frente.

E mesmo correndo doido
nesse galope feroz,
vez por outra ele amansa
e deixa de ser algoz,
inté parece que diz:
Dá tempo de ser feliz,
pois nunca é tarde pra nós.

Nunca é tarde pra viver
e aprender com a vida,
pra perceber que a estrada
nem sempre será florida
e que sempre há uma cura
até pra pior ferida.

Nunca é tarde pro rancor
se transformar em perdão,
pra perceber que nem sempre
você tem toda a razão,
pra sentir mais com a mente
e pensar com o coração.

Nunca é tarde pra ser bom
quando a maldade chegar,
nunca é tarde pra sorrir
quando a lágrima rolar,
nunca é tarde pra ser forte
quando o corpo fraquejar.

Acredite, nunca é tarde
pra abraçar um amigo,
pra proteger um estranho
que está correndo perigo,
nunca é tarde pro seu peito
se tornar um grande abrigo.

Nunca é tarde pra plantar
uma árvore no chão,
nunca é tarde pra ser grato
por nunca faltar o pão
e aprender a dividi-lo
com quem não tem um tostão.

Nunca é tarde pra sonhar
com algo quase impossível
e entender que a esperança
nem sempre será visível.
Nunca é tarde para o fraco
se tornar um imbatível.

Imbatível como o tempo
que todo dia avisa
que a conta que ele faz
quase sempre é imprecisa
e até a calculadora
não sabe e fica indecisa.

A conta de quando a peça
da vida sai de cartaz,
onde o ator principal
é você e ninguém mais.
O tempo é um segredo,
acredite, é muito cedo
pra dizer: Tarde demais.

Medo

Que o medo de chorar
não lhe impeça de sorrir.
Que o medo de não chegar
não lhe impeça de seguir.
Que o medo de falhar
não lhe faça desistir.

Que o medo do que é real
não lhe impeça de sonhar.
Que o medo da derrota
não lhe impeça de lutar.
E que o medo do mal
não lhe impeça de amar.

Que o medo de cair
não lhe impeça de voar.
Que o medo das feridas
não lhe impeça de curar.
E que o medo do toque
não lhe impeça de abraçar.

Que o medo dos tropeços
não lhe impeça de correr.
Que o medo de errar
não lhe impeça de aprender.
E que o medo da vida
não lhe impeça de viver.

O medo pode ser bom
serve pra nos alertar,
tem função de proteger,
mas pode nos ensinar
que às vezes até o medo
vem pra nos encorajar...

Repare,

Se há medo de perder,
é sinal para cuidar.
Se há medo de desistir,
é sinal para tentar.
Se há medo de ir embora,
é sinal para ficar.

Se há medo da maldade,
é sinal para amar.
Se há medo do silêncio,
é sinal para falar.
Se o silêncio insistir,
é sinal para cantar.

Se há medo do escuro,
é sinal para iluminar.
Se há medo de um erro,
é sinal para caprichar.
Se há medo, meu amigo,
é sinal para enfrentar.

Toda coragem precisa
de um medo pra existir.
Uma estranha dependência
complicada de sentir.
A coragem de levantar
vem do medo de cair.

Use sempre a coragem
para se fortalecer.
E quando o medo surgir
não precisa se esconder.
Faça que seu próprio medo
tenha medo de você.

Que o medo de cair
não lhe impeça de voar.
Que o medo das feridas
não lhe impeça de curar.
E que o medo do toque
não lhe impeça de abraçar.

Bráulio Bessa

#PoesiaQueTransforma

Coração nordestino

Um cantador de viola
fazendo verso rimado,
toicim de porco torrado
numa velha caçarola,
um cego pedindo esmola,
lamentando o seu destino,
é só mais um Severino
que não tem o que comer.
Tudo isso faz bater
um coração nordestino.

As conversas de calçada,
os causos de assombração,
em riba de um caminhão
a mudança inesperada,
galinha bem temperada
sem usar tempero fino,
quebranto forte em menino
pra benzedeira benzer.
Tudo isso faz bater
um coração nordestino.

Banho de chuva na biqueira,
dindim de coco queimado,
menino dependurado
nos braços de uma parteira,
manicure faladeira,
o gado magro e mofino,
novenas para o divino,
pedidos para chover.
Tudo isso faz bater
um coração nordestino.

Pracinhas pra namorar
sem pular nenhuma etapa,
cachaça no bar da tapa,
cantadores pra rimar,
um forrozim pra dançar,
que também é nosso hino,
quer dançar, eu lhe ensino
até o suor descer.
Tudo isso faz bater
um coração nordestino.

Quando a gente olha pro alto
consegue enxergar a lua,
caminhar no mêi da rua
sem ter medo de assalto,
um terreiro sem asfalto,
sem concreto clandestino,
um açude cristalino,
um cheiro no bem querê.
Tudo isso faz bater
um coração nordestino.

Uma porca parideira
com uns doze bacurim,
gente boa e gente ruim,
zoada no fim de feira,
arapuca, baladeira,
o chapéu de Virgulino,
na bodega de Firmino
tem de tudo pra vender.
Tudo isso faz bater
um coração nordestino.

Um bebo toma uma cana,
cospe no pé do balcão,
a luz de um lampião
ilumina uma cabana,
uma penca de banana
na casa de Marcolino,
pirão grosso e caldo fino
pra mode o cabra comer.
Tudo isso faz bater
um coração nordestino.

Uma velha na janela
reclamando de uma dor,
casinhas de toda cor
azul, verde, amarela,
um pé de seriguela
no quintal de Marcelino,
no Mobral, Seu Jesuíno
aprendendo a escrever.
Tudo isso faz bater
um coração nordestino.

Tem milho verde cozido,
castanha feita na brasa,
no oitão da minha casa,
um bebo véi estendido,
na outra esquina, perdido,
mais um bebo, um dançarino,
igreja tocando o sino
no final do entardecer.
Tudo isso faz bater
um coração nordestino.

O gibão de um vaqueiro
que é sua armadura,
engenho de rapadura
pega-pega no terreiro,
um barrão lá no chiqueiro
pra quem é chique, um suíno,
o caminhão de Faustino
cheio de manga pra vender.
Tudo isso faz bater
um coração nordestino.

São milhões de pensamentos
que não saem da cabeça,
e antes que eu me esqueça
registro esses momentos
com poesia e sentimentos
desde os tempos de menino,
talvez fosse o meu destino
nascido pra escrever
aquilo que faz bater
um coração nordestino.

Em 2011, no meio de uma onda de ataques precon-ceituosos contra o povo nordestino, principal-mente nas redes sociais, criei uma fanpage no Facebook chamada Nação Nordestina. Apesar de já escrever poemas desde os 14 anos, naquele momen-to eu não achava que existisse um público interessado em poesia. O que eu via era a carência de um movimento que valorizasse a cultura popular nordestina de forma geral: artesanato, culinária, música, poesia e, acima de tudo, a es-sência do homem sertanejo. Por isso criei a página. O povo nordestino estava se sentindo inferiorizado, ferido. Como um povo tão gentil, prestativo, que recebe tão bem, podia ser tão atacado? E como o ataque vinha das redes sociais, pensei que a melhor ferramenta para combater isso era usar essas mesmas redes sociais. Mas não agredindo de vol-ta, e sim mostrando o que o Nordeste tem de bom.

A primeira coisa que coloquei na página foi um "Curso Intensivo de Nordestinês", porque sempre acreditei que o cartão de visita de qualquer povo é seu dialeto, seu sotaque. Como diz o poeta Pedro Salomão, o sotaque é o tempero da pessoa. Todo dia eu colocava uma palavra do nosso dialeto e explicava o significado, mostrando exemplos. Deu certo. O próprio povo nordestino não estava acostumado com aquilo, inclusive tinha vergonha de assumir sua "nordestinidade", com medo de ser criticado ou julgado como burro. Imagine, o nosso sotaque é o mais charmoso que existe!

Estávamos no início da grande popularização das redes sociais e, no final de cada post, eu incentivava os leitores a compartilhar com um amigo, porque sentia que havia essa necessidade. Em seguida passei a colocar diariamente, sempre às 11h50, hora em que o povo estava com fome, o "Prato do Dia", com uma comida típica do Nordeste. De repente, sem estrutura alguma, sem conhecimento técnico de marketing digital, sem equipe, sem planejamento, eu tinha um cronograma todo organizado. Tinha hora para o post do Curso Intensivo, para o Prato do Dia, tinha horário para postar sobre artesanato, música... A página falava de todos os aspectos da cultura nordestina.

Foi um negócio assustador. Em alguns meses eu tinha um milhão de seguidores! Isso numa época em que grandes marcas não chegavam a esse número. A Xuxa não tinha um milhão de seguidores. O McDonald's não tinha um milhão de seguidores. E o meu público era 100% orgânico, eu não tinha um real para divulgar.

A página se tornou um ponto de encontro. Passei a receber 200 mensagens por dia de gente que sofria preconceito. As pessoas viam a página — e quem estivesse por trás dela — não só como uma espécie de psicólogo pra desabafar, mas também como um justiceiro para dizer aos criminosos o que eles mereciam ouvir. Um nordestino sofria preconceito no elevador, chegava em casa, ia na página e mandava uma mensagem para a Nação Nordestina. Comecei a ter um contato muito forte com isso e a perceber como era tão comum.

Nas eleições de 2014 mais uma vez houve uma enxurrada de ataques contra nordestinos, dizendo coisas como "a culpa é do Nordeste", "tem que excluir o Nordeste do Brasil", "o Nordeste é um lixo" etc. Eu já desenvolvia um trabalho com a Nação Nordestina havia algum tempo e estava muito envolvido com a causa. Depois de ter lido tantos depoimentos de vítimas de preconceito, me doeu muito ver novamente todos os ataques.

Então me lembrei de um poema de que eu gosto muito, de Bráulio Tavares e Ivanildo Vila Nova, chamado "Nordeste independente". Não é um poema com mensagem separatista; é um recado bem-humorado para quem diz que o Nordeste devia se separar. Se o Nordeste fosse excluído do país, quem perderia era o Brasil. No calor da hora, resolvi gravar um vídeo dando uma resposta para essas pessoas que atacavam nordestinos nas redes sociais. Peguei a câmera, botei um chapéu de cangaceiro, liguei e comecei:

Já que existe no Sul este conceito
que o Nordeste é ruim, seco e ingrato,
já que existe a separação de fato,
é preciso torná-la de direito.
Quando um dia qualquer isso for feito
todos dois vão lucrar imensamente
começando uma vida diferente
da que a gente até hoje tem vivido:
imagine o Brasil ser dividido
e o Nordeste ficar independente.

E assim fui, num ritmo frenético. O poema dura oito minutos, mas eu tinha de cabeça, declamei tudo, terminei, postei no Facebook — não na página da Nação Nordestina, mas no meu perfil pessoal, que não era vinculado à Nação.

Eu não queria aparecer. Se eu quisesse que o poema viralizasse, teria publicado na página que já tinha um milhão de seguidores. Já eu era um anônimo, mas naquele momento senti que precisava falar aquilo como Bráulio Bessa, brasileiro, nordestino, alto-santense, matuto de pai, mãe e parteira, eu queria fazer com que as pessoas agredidas sentissem coragem pra lutar contra a xenofobia.

Depois de postar o vídeo, fui para a casa de minha mãe, como fazia todas as noites, e quando voltei, duas horas mais tarde, o vídeo estava com 500 mil visualizações e esse número crescia a cada minuto. No dia seguinte eu tinha 180 mil seguidores, da noite pro dia.

Na semana seguinte o pessoal estava perguntando quando é que ia sair outra poesia. E surgia ali um tal "embaixador do Nordeste nas redes sociais". Começaram a me chamar de "cangaceiro digital" e "Luiz Gonzaga da internet". E eu gostei disso.

A responsabilidade era grande. O peso era grande. Mas, como sempre digo, quanto maior o peso que se carrega nas costas, mais força a gente cria nas pernas!

Fome

Eu procurei entender
qual a receita da fome,
quais são seus ingredientes,
a origem do seu nome.
Entender também por que
falta tanto o "de comê",
se todo mundo é igual,
chega a dar um calafrio
saber que o prato vazio
é o prato principal.

Do que é que a fome é feita
se não tem gosto nem cor
não cheira nem fede a nada
e o nada é seu sabor.
Qual o endereço dela,
se ela tá lá na favela
ou nas brenhas do sertão?
É companheira da morte
mesmo assim não é mais forte
que um pedaço de pão.

Que rainha estranha é essa
que só reina na miséria,
que entra em milhões de lares
sem sorrir, com a cara séria,
que provoca dor e medo
e sem encostar um dedo
causa em nós tantas feridas.
A maior ladra do mundo
que nesse exato segundo
roubou mais algumas vidas.

Continuei sem saber
do que é que a fome é feita,
mas vi que a desigualdade
deixa ela satisfeita.
Foi aí que eu percebi:
por isso que eu não a vi
olhei pro lugar errado
ela tá em outro canto
entendi que a dor e o pranto
eram só seu resultado.

Achei seus ingredientes
na origem da receita,
no egoísmo do homem,
na partilha que é malfeita.
E mexendo um caldeirão
eu vi a corrupção
cozinhando a tal da fome,
temperando com vaidade,
misturando com maldade
pro pobre que lhe consome.

Acrescentou na receita
notas superfaturadas,
um quilo de desemprego,
trinta verbas desviadas,
rebolou no caldeirão
vinte gramas de inflação
e trinta escolas fechadas.

Sendo assim, se a fome é feita
de tudo que é do mal,
é consertando a origem
que a gente muda o final.
Fiz uma conta, ligeiro:
se juntar todo o dinheiro
dessa tal corrupção,
mata a fome em todo canto
e ainda sobra outro tanto
pra saúde e educação.

Prefiro a simplicidade

Carne-seca e macaxeira
um cozido de capote
água fria lá no pote
melhor que da geladeira.
No terreiro a poeira
se espalha na imensidão
de paz e de comunhão
que não se vê na cidade.
Prefiro a simplicidade
das coisas lá do Sertão.

Bodegas pra se comprar
é o nosso supermercado
que ainda vende fiado
pois dá pra se confiar.
Um caderno pra anotar
não carece de cartão
pois às vezes falta pão
mas não falta honestidade.
Prefiro a simplicidade
das coisas lá do Sertão.

Tem cuscuz na cuscuzeira,
tapioca e mucunzá
um bolinho de fubá
e tripa na frigideira.
Milho assado na fogueira
que aquece o coração
além de ser tradição
é comida de verdade.
Prefiro a simplicidade
das coisas lá do Sertão.

A família retratada
pendurada na parede
não tem curtidas na rede
mas tem rede bem armada.
A vida não é postada
nem passa em televisão,
o HD do coração
é quem salva de verdade.
Prefiro a simplicidade
das coisas lá do Sertão.

A criançada brincando
de ser livre, de ser vivo
sem ter um aplicativo,
sem ter download baixando.
Vejo um menino pintando
um desenho feito à mão
sem nenhuma intervenção
lhe roubando a ingenuidade.
Prefiro a simplicidade
das coisas lá do Sertão.

Tem o som da natureza
melhor que MP3
eu garanto a vocês
nem se compara a beleza.
Existe tanta riqueza
espalhada nesse chão
como disse Gonzagão
e ecoa na eternidade.
Prefiro a simplicidade
das coisas lá do Sertão.

Tem a seca, essa bandida
que é cinza feito o asfalto,
porém não temos assalto
tampouco bala perdida.
Não é fácil nossa vida,
mas transbordo a gratidão
de viver nesse torrão
mesmo com dificuldade.
Prefiro a simplicidade
das coisas lá do Sertão.

Ninguém venha me tachar
de matuto, ultrapassado,
tampouco desinformado,
é fácil de se explicar.
Se um dia o homem usar
toda e qualquer invenção
pensando em evolução
e no bem da humanidade,
a tal da modernidade
é bem-vinda no Sertão.

**A vida não é postada
nem passa em televisão,
o HD do coração
é quem salva de verdade.
Prefiro a simplicidade
das coisas lá do Sertão.**

#PoesiaQueTransforma

Redes sociais

Lá nas redes sociais
o mundo é bem diferente,
dá pra ter milhões de amigos
e mesmo assim ser carente.
Tem like, a tal curtida,
tem todo tipo de vida
pra todo tipo de gente.

Tem gente que é tão feliz
que a vontade é de excluir.
Tem gente que você segue
mas nunca vai lhe seguir.
Tem gente que nem disfarça,
diz que a vida só tem graça
com mais gente pra assistir.

Por falar nisso, tem gente
que esquece de comer,
jogando, batendo papo,
nem sente a fome bater.
Celular virou fogão,
pois no toque de um botão
o rango vem pra você.

Mudou até a rotina
de quem tá se alimentando.
Se a comida for chique,
vai logo fotografando.
Porém, repare, meu povo:
quando é feijão com ovo
não vejo ninguém postando.

Esse mundo virtual
tem feito o povo gastar,
exibir roupas de marca,
ir pra festa, viajar,
e claro, o mais importante,
que é ter, de instante em instante,
um retrato pra postar.

Tem gente que vai pro show
do artista preferido,
no final volta pra casa
sem nada ter assistido,
pois foi lá só pra filmar.
Mas pra ver no celular
nem precisava ter ido.

Lá nas redes sociais
todo mundo é honesto,
é contra a corrupção,
participa de protesto,
porém, sem fazer login,
não é tão bonito assim.
O real é indigesto...

Fura a fila, não respeita
quando o sinal tá fechado,
tenta corromper um guarda
quando está sendo multado.
Depois, quando chega em casa,
digitando manda brasa
criticando um deputado.

Lá nas redes sociais
a tendência é ser juiz
e condenar muitas vezes
sem saber nem o que diz.
Mas não é nenhum segredo
que quando se aponta um dedo
voltam três pro seu nariz.

Conversar por uma tela
é tão frio, tão incerto.
Prefiro pessoalmente,
pra mim sempre foi o certo.
Soa meio destoante,
pois junta quem tá distante
mas afasta quem tá perto.

Tem grupos de todo tipo,
todo tipo de conversa
com assuntos importantes
e outros, nem interessa.
Mas tem uma garantia:
receber durante o dia
um cordel do Bráulio Bessa.

E se você receber
esse singelo cordel
que eu escrevi à mão
num pedaço de papel,
que tem um tom de humor
mas no fundo é um clamor
lhe pedindo pra viver.
Viva a vida e o real,
pois a curtida final
ninguém consegue prever.

Quando terminei o ensino médio, arranjei um emprego na prefeitura, cuidando dos computadores das escolas e dando treinamento para os professores. Além disso, fazia bicos de consertar computadores, de casa em casa, para ajudar a pagar minha faculdade de Análise de Sistemas. Toda cidade pequena tem um "menino que sabe bulir com computador", e em Alto Santo esse menino era eu. Quebrou a impressora? O Windows deu pau? Chama o menino que sabe bulir com computador. Fiquei conhecido dessa forma. Aprendi a desenvolver sites e criei o primeiro da cidade: altosanto.com. Nosso Alto Santo para o mundo! Eu ficava sempre buscando alguma forma de ganhar dinheiro, então fiz o site, colocava notícias da cidade e pedia aos comerciantes locais um patrocínio de vinte reais para botar a logomarca. Enfim, ia me virando.

O fenômeno da internet fez com que a informação chegasse em qualquer lugar. Aonde quer que você fosse, até na zona rural de Alto Santo, tinha uma antena, via rádio, que tinha internet, e o moleque de lá recebia a mesma informação que o cara recebia no resto do mundo. A explosão das redes sociais foi definitiva em fazer uma reviravolta. Porque, com a internet, a informação chegava em todo lugar, mas não saía. E a rede social possibilitou isto: criar conteúdo, ser um protagonista também, não só um receptor.

Quando vi pela primeira vez um site em que qualquer autor podia criar uma conta e publicar o que escrevia, fiquei encantado. Então eu crio aqui uma conta, com meu nome? No B vai ter Bráulio Bessa? Eu posso publicar meus poemas e qualquer pessoa no mundo pode ler? Era como mágica. Mais tarde surgiram Facebook, Instagram, Twitter, aquela coisa toda.

Reparei o seguinte: o poeta popular nordestino vai para a feira declamar seus poemas o mais alto possível, para que o maior número de pessoas escute e venha consumir sua arte. Naquele momento, eu olhei para a internet e enxerguei a maior feira do mundo, que não fecha hora nenhuma, tem todo tipo de gente, não tem fronteira, e o conteúdo que eu crio pode ser consumido em Alto Santo, Tóquio ou Nova York, sem que eu precise me distanciar da minha fonte.

Mesmo depois de três anos e meio de curso de Análise de Sistemas, a minha paixão pela cultura e pela história do Nordeste, pela força do povo, era ainda muito presente e pulsante, e eu continuava escrevendo. Meu sonho era um dia lançar um livro de poesia e transformar a vida das pessoas.

A opção por uma carreira na área tecnológica, que eu pensava que estava me distanciando dessa veia de lutar pela cultura, acabou me aproximando, pois foi graças a essa intimidade com a tecnologia que eu pude criar o site Nação Nordestina. No fim das contas, larguei a faculdade no último semestre, prestes a me formar. Tive medo de terminar o curso e me sentir obrigado a continuar com aquela carreira.

Quando criei a página da Nação Nordestina, eu era recém-casado e morava num sobrado alugado por 250 reais.

Ganhava muito pouco e complementava consertando computadores, mas era uma cidade que na época ainda tinha poucos computadores, em que se pagava muito pouco. Se me chamavam para instalar uma impressora, eu cobrava vinte reais, me davam dez para eu sair achando graça. Era muito apertado.

Com o crescimento da página, eu não conseguia mais conciliar o trabalho com a criação de conteúdo, porque era só eu, o dia todo, e na época nem tinha como agendar os posts como hoje em dia. Desenvolvi um cronograma: às oito da manhã precisava postar a "Palavra do Dia" do Curso Intensivo de Nordestinês, ao meio-dia eu tinha que estar lá publicando o prato do almoço, e por aí vai. Não ganhava um real, e lá em Alto Santo não tinha ninguém para me orientar com aquilo, nenhum especialista em marketing digital para me dizer como monetizar meu projeto. Não criei a página com a intenção de ganhar dinheiro, mas quando vi que eu era um moleque de uma cidade de 18 mil habitantes falando para centenas de milhares de pessoas, entendi que era um negócio maior.

Quando a página tinha cerca de 250 mil seguidores, saiu uma matéria no jornal *O Povo* de Fortaleza: "Jovem do interior do Ceará usa redes sociais para mobilização e é um fenômeno". Logo depois, um empresário de Fortaleza me ofereceu dinheiro pela página. Marcamos uma reunião e fomos, eu e minha esposa, Camila. Ele disse que estava pagando, em média, um real por seguidor. Isso dava mais de 200 mil reais, um dinheiro que eu nunca havia imaginado... Eu morava num sobrado pagando 250 reais por mês, não tinha transporte, andava a pé na cidade. Tinha até uma moto velha, mas ficou seis meses encostada porque estourou um pneu e bateu o motor e eu não tinha dinheiro pra consertar. Com 200 mil reais lá em Alto Santo, na época, eu compraria uma casa, um carro, tudo que eu pensava que teria um dia quando vencesse na vida. Mas sempre acreditei que teria que lutar muito para vencer na vida, e aquilo parecia fácil demais.

Não consigo atribuir um motivo, mas agradeci e respondi que não queria vender. "Jumento" foi o nome mais bonito que ouvi quando voltei para casa e contei essa história, principalmente daqueles que mais me queriam bem... Ninguém entendia, mas eu achava que tinha alguma coisa maior para acontecer, só não sabia o que era. Tive um pensamento muito cru, era um matuto, não conhecia nada, mas na hora olhei para aquele empresário da capital, de blazer, com um carrão, e pensei: se esse cara está querendo comprar por 200, é porque vale 400! Então não vendo. Sabe aquela coisa do cabra bruto? Não vendo. Matuto, sim. Besta, não!

Já existia um apelo sentimental muito grande. Aquilo era uma causa, eu era alguém por causa daquilo. Sabe o cara que sempre foi invisível, numa cidade pequena? Meu sonho sempre foi falar para as pessoas, e de repente era possível. Naquele momento eu senti que, se vendesse a página, estaria vendendo as pessoas. Todas aquelas 250 mil pessoas haviam decidido seguir a página porque tinha um cara por trás lutando em defesa da cultura e da autoestima do povo nordestino. Eu não podia trair toda aquela gente.

Se naquela época eu tivesse vendido o site, teria me desprendido dessa causa. Ia comprar uma casa para mim, abrir um negócio em Alto Santo e hoje eu estaria lá, talvez na minha padaria...

Amor às diferenças

Não existe uma cartilha
que nos ensine a amar,
frases certas pra dizer,
jeito certo de abraçar,
talvez a maior lição
é que o amor tem a missão
de ensinar a respeitar.

Ensinar a respeitar
todo tipo de amor,
de entender um silêncio
ou um gemido de dor.
Será mesmo um desafio
perceber que é no frio
que a gente busca calor?

Que tem gente que se esconde
só pra você procurar
tem gente que cai no chão
só pra você levantar
amar é não desistir
amar é fazer sorrir
quando alguém só quer chorar...

Amar é ser consciente
da nossa própria loucura,
é quando a gente se junta
formando uma só mistura
de igualdade e diferença.
Se o amor fosse doença
seria dessas sem cura...

O amor é a própria cura
remédio pra qualquer mal
cura o amado e quem ama
o diferente e o igual.
Talvez seja esta a verdade:
é pela anormalidade
que todo amor é normal.

Entenda que nesse mundo
com todo tipo de gente,
dá pra praticar o amor
de mil formas diferentes,
talvez uma opção
seja amar com o coração
e respeitar com a mente.

Acredite

Acreditar é ter fé
naquilo que ninguém prova.
É dispensar a certeza
que geralmente comprova.
Pois a dúvida é uma dívida
e a conta só se renova.

Acredite no improvável,
acredite no impossível,
enxergue o que ninguém vê,
perceba o imperceptível
e enfrente o que, para muitos,
parece ser invencível.

Acredite em você,
na força da sua fé,
nas vezes que você teve
que remar contra a maré.
Cada "não" que alguém lhe disse
deu forças pra que surgisse
um desejo de provar
que quando a gente tropeça
se levanta e recomeça
sem parar de caminhar.

Acredite em tudo aquilo
que lhe torna diferente
em tudo que já passou
e no que vem pela frente.
Acredite e seja forte,
não espere pela sorte,
não espere por ninguém,
pois de tanto esperar
você pode estacionar
e deixar de ir além.

Acredite e não se explique
pois poucos vão entender:
só se compreende um sonho
se o sonhador for você.
Há quem possa lhe animar,
há quem possa duvidar,
há quem lhe faça seguir.
Mas não descuide um segundo
pois muita gente no mundo
quer lhe fazer desistir.

Acredite, pense e faça,
use sua intuição,
transforme sonho em suor,
pensamento em ação.
Enfrente cada batalha
sabendo que a gente falha
e que isso é natural,
cair pra se levantar,
aprender pra ensinar
que o bem é maior que o mal.

Que primeiro a gente planta
e só depois vai colher.
O roteiro é sempre este:
lutar pra depois vencer.
E que a arma mais potente
seja sempre a sua mente
munida só de bondade.
Se você não se entregar,
dá até pra acreditar
nessa tal humanidade.

Enfim, acredite em tudo
que é bom e lhe faz bem.
Acredite, inclusive,
no que lhe faz mal também,
já que, pra se proteger,
é preciso conhecer
o que vai se enfrentar.
Que você nunca se esqueça:
Não importa o que aconteça
Não deixe de ACREDITAR!

**Acredite no improvável,
acredite no impossível,
enxergue o que ninguém vê,
perceba o imperceptível
e enfrente o que, para muitos,
parece ser invencível.**

#PoesiaQueTransforma

Valores

Eu começo este cordel
perguntando agoniado:
por que que nossos valores
são tão desvalorizados?
Quanto vale a honestidade?
Qual o preço da bondade?
Quanto custa ser do bem?
Vivemos a decadência
de um povo que, em sua essência,
só faz o que lhe convém...

Será mesmo tão difícil
pra gente compreender
que quando se ajuda alguém
o ajudado é você?
Será mesmo que enganar
é melhor que ajudar?
Será que não tem mais jeito
de aprender essa lição
consertando o coração
que bate no nosso peito?

Não precisa ter dinheiro
pra comprar uma padaria
seja grato se ao menos
tiver o pão todo dia.
A falta é um prato cheio
de pura sabedoria.

Pois quando se tem tão pouco
se valoriza o que tem.
E pra você que tem muito,
dê todo valor também.
Trabalhar, vencer na vida
é uma estrada comprida...
E ser rico não é feio.
Feio mesmo é esquecer
do que Deus deu pra você
pra desejar o alheio.

Tudo aquilo que vem fácil
facilmente se desfaz,
o vento que às vezes leva
é o mesmo vento que traz.
Seja justo, paciente,
seja um cidadão decente,
pois é na dificuldade
que a gente aprende a viver
e assim pode saber
quem é do bem de verdade.

Venho de uma família católica. Depois que meus pais se divorciaram, fomos morar com meus avós, e eu cresci vendo vovó Maria, que era muito devota de Nossa Senhora, ajeitando os santinhos dela no altar. Acho que era a parte mais bem cuidada da casa, uma mesinha de madeira escura com uma toalhinha de renda branca. Lá ficavam Nossa Senhora, o Sagrado Coração de Jesus e um quadro de Santa Luzia pendurado na parede. Ninguém podia mexer ali, era realmente sagrado.

Eu sempre achei muito bonita a devoção de minha avó pelos santos dela, o respeito que ela tinha. Sempre que um filho viajava, ela acendia uma vela. Se um tio meu ia para São Paulo, eram três dias de viagem de ônibus, então eram três dias com a vela acesa. Ela não deixava apagar; quando estava ficando menorzinha, trocava por outra. E eu sempre achava aquilo muito bonito, essas manifestações de fé e espiritualidade de vovó, e de meu avô, sempre ali, do jeito dele, sem precisar ter terço no pescoço ou ir para a missa.

Meu avô, Seu Dedé Sapateiro, era aquele "véi" tipicamente nordestino: sertanejo, sisudo, um palmo de bigode pra cada lado. Mas eu sempre tive uma admiração muito grande pela fé dele. Apesar de não frequentar a igreja, tenho certeza de que vovô rezava mais do que o padre de Alto Santo. O resto da família ia para a missa, mas vovô nunca ia. Não foi nem mesmo quando minha avó faleceu. Quando chegou a hora de levar o corpo para a igreja, ele só se levantou, se despediu e voltou para o quarto.

A espiritualidade dele era algo muito pessoal. Nunca o vi se arrumando num domingo para ir à missa, mas todo santo dia eu via meu avô rezando. Ele tinha seus rituais. Todo dia, sem falta, meu avô saía de casa às seis da tarde, sentava no batente da calçada e tirava um terço. Simplesmente baixava a cabeça e ficava rezando. A gente já sabia que não era para incomodar.

Além disso, vovô criava porcos, e o chiqueiro ficava a cerca de 150 metros lá de casa. Todo dia, depois dessa oração, ele ia levar a água e a comida dos porcos, e às vezes eu ia junto. Ele botava a lavagem e ficava esperando os porcos terminarem de comer. Demorava ali uns 20 minutos, mas depois de colocar a comida, ele escorava a mão no chiqueiro, abaixava a cabeça e ficava rezando de novo. Era como se, em todo momento livre, ele pensasse: "Não estou fazendo nada, não vou ficar com a mente pensando besteira." Eu não sei com quem ele falava, o que ele dizia, o que ele escutava, mas era um ser humano muito conectado com a espiritualidade.

Eu achava bonita essa coisa de cada um manifestar a sua fé do seu jeito. Vovó ali com a mesinha dela cheia de santos, sempre com um terço no pescoço. E vovô do jeitão dele, conversando baixinho com a espiritualidade.

A sapataria do meu avô — que não vendia sapatos, só consertava — ficava do lado de casa. Além de sapateiro, ele também foi guarda-noturno, durante 14 anos: trabalhava até as cinco da tarde na sapataria, tomava um banho, jantava, descansava um pouquinho e, às dez da noite, saía para trabalhar de guarda. Só voltava às cinco da manhã, e às sete já estava na sapataria de novo. Praticamente não dormia e foi assim durante anos, sem nunca ter faltado uma noite sequer.

Contavam até que teve uma noite em que ele estava com muita dor de dente, chegou em casa de madrugada, e quando minha avó foi ver por que ele tinha voltado àquela hora, lá estava meu avô arrancando o próprio dente com o alicate que usava na sapataria! Depois de arrancar o dente, ele pegou um chumaço de algodão, botou na boca e voltou para a rua. Vovó ficou feito doida, preocupada que ele fosse ter uma hemorragia, mas ele disse que não, porque tinha banhado o alicate no perfume. Não tinha álcool na hora, ele passou perfume mesmo! Meu avô, até dentista ele era, se precisasse.

Os valores que ele transmitia não vinham da religião ou de ensinamentos bíblicos. Vinham mesmo da sabedoria popular: "Se você pagar suas contas em dia, onde andar vai ser respeitado", "Não importa o dinheiro que você tiver, se der, não compre fiado", "O cabra tem que prestar". Ele tinha certa sisudez, afinal era Seu Dedé Sapateiro, chefe da Guarda Municipal, não podia andar na rua sorrindo pra todo mundo, tinha que mostrar uma postura. Ao mesmo tempo, nunca vi um marido tão carinhoso, de toda hora estar fazendo carinho em minha vó, querendo dar um cheiro nela, colocando a mulher no colo.

Eu me tornei muito companheiro de vovô. Ele teve sete filhos, e cada um foi casando e indo embora. Justamente no momento em que a casa começou a ficar vazia, silenciosa demais, sem graça, quando vovô e vovó iam ficar sós, meus pais se divorciaram. Até hoje eu brinco que papai devolveu mamãe "com juros", ou seja, levou só uma e devolveu quatro: mamãe e mais três meninos. Isso foi bom, porque renovou a energia da casa.

Quando fomos morar com vovô e vovó, eu tinha uns 8 anos e ele se tornou a minha referência de homem, a figura paterna, embora eu nunca tenha perdido contato com meu pai e minha mãe sempre tenha deixado os papéis bem claros. Por exemplo, eu e meus irmãos nunca chamamos vovô de pai, o que era comum em casos assim. O amor que sinto por ele é como pai, mas achava até mais gostoso chamar de vovô, ou "voinho" quando era criança.

Meu avô me ensinou muita coisa e foi sempre uma referência de ser humano para mim.

Ela

Na leveza de um poema,
hoje cobro consciência.
Que meus versos sejam fortes
contra qualquer violência.
Seja no corpo ou na alma
que transforme agito em calma.
Seja amor, seja paixão.
E a minha mensagem é:
entre homem e mulher
só quem bate é o coração.

Que o coração, sim, bata forte
a cada café na cama,
a cada vez que você
mostrar o quanto a ama.
A cada gesto de amor
que alivia qualquer dor,
a cada surra de beijos,
a cada vez que você
se virar pra atender
cada um dos seus desejos.

Também faça ela chorar
de tanta felicidade.
Sentir dor lá na barriga
de tanto rir de verdade.
Seja sempre verdadeiro,
carinhoso, companheiro,
e brigue pra vê-la bem.
Troque tapas com a vida,
nessa luta tão comprida
defenda ela também.

Que você aperte ela
num abraço arrochado,
que cada marca no corpo
seja de batom borrado.
Que esse amor seja forte
e que haja um grande corte
no machismo, no preconceito,
que nós sejamos iguais,
que nós sejamos bem mais,
que sejamos mais respeito.

Afinal, "ela" são tantas
e essas tantas uma só,
sua irmã, sua mãe,
sua esposa, sua vó.
Seu primeiro alimento,
repare, seu nascimento,
sua primeira acolhida,
não esqueça, onde estiver,
que foi, sim, uma mulher
quem lhe deu o dom da vida.

Definição de saudade

Eu já vi muitos poetas
falando sobre saudade,
da dor que a danada causa
e de sua crueldade.
Meu resumo é mais miúdo:
é a lembrança de tudo
que faz falta de verdade.

Quem tem um pé de saudade
no vaso do coração
adubado de lembrança,
regado de solidão,
vê a raiz se espalhar
sem conseguir respirar
pois vai bater no pulmão.

Saudade é uma inquilina
que aluga nossa mente
sem contrato de aluguel,
sem nos pagar mensalmente.
E ligeiro se revela
que a gente mora nela
e ela mora na gente.

A saudade se espalha
na alma feito alergia,
quanto mais a gente coça
parece até que dá cria.
Uma doença comum
que atinge qualquer um
que já foi feliz um dia!

Há quem viva nesta vida
poupando tudo que tem,
se preocupando em deixar
carro, casa ou outro bem.
Mas lhe digo uma verdade:
bom mesmo é deixar saudade
no coração de alguém.

Já vi muita evolução
pro bem da humanidade,
vi cientistas curando
tudo que é enfermidade.
Mas até hoje eu duvido
inventar um comprimido
pra aliviar a saudade.

Por mais que seja cruel,
não age com preconceito,
pelo menos nesse ponto
admiro o seu conceito
baseado em igualdade:
tem um tipo de saudade
pra todo tipo de peito.

Se abrir um coração
e revirar pelo avesso,
tem o mapa de um tesouro
que ninguém conhece o preço:
tem rua, bairro e cidade,
afinal toda saudade
tem um nome e um endereço.

Há quem viva nesta vida poupando tudo que tem, se preocupando em deixar carro, casa ou outro bem. Mas lhe digo uma verdade: bom mesmo é deixar saudade no coração de alguém.

#PoesiaQueTransforma

I love you bem lovado!

Todo dia ela passava
desfilando em nossa rua
formosa que só a lua
que de noite alumiava.
Porém nunca reparava
que eu ficava agoniado
beirando ser infartado
e morrer pela titela
só por não dizer a ela:
I love you bem lovado!

Um dia meus zói zoiaram
o jeitim dela andando
os cabelim balançando
meus frivior friviaram.
Mil cupidos me flecharam
me deixando apaixonado,
babando, besta e lesado,
segurando na mão dela.
Nesse dia eu disse a ela:
I love you bem lovado!

Depois foi tanto chamego,
beijo e cheiro no cangote
meu peito dava pinote
num grande desassossego.
Sem nunca pedir arrego
o namoro era arrochado
fosse em pé, fosse sentado,
atrepado na janela.
Eu sempre dizia a ela:
I love you bem lovado!

Com ela nada era igual
tudo me surpreendia
todo prosa eu me sentia
sortudo e especial.
Feito um cururu no sal,
eu cheguei todo inchado
pra lhe pedir em noivado
de forma pura e singela
e de novo eu disse a ela:
I love you bem lovado!

Debaixo de um cajueiro
deu-se nosso casamento
gastando um orçamento
sem carecer de dinheiro.
Tinha um amor verdadeiro,
amigos por todo lado,
bem querê e chamegado
dela em neu e deu em nela.
Gritei sim e disse a ela:
I love you bem lovado!

Numa casinha alugada
ajuntemos nossos troços
e também nossos esforços
pra seguir nossa jornada.
Uma dura caminhada
mas com Deus ao nosso lado
nosso trabalho suado
enchia cada panela
e eu feliz dizendo a ela:
I love you bem lovado!

Os dias vão se espremendo
já passaram alguns anos,
sonhamos, fizemos planos,
enfim, estamos vivendo.
O tempo vai escorrendo
sem poder ser controlado
mas esse amor arretado
não quebra nem se esfarela.
Vou morrer dizendo a ela:
I love you bem lovado!

Uma vez eu disse que o amor tem gosto de seriguela madura. Ela tem esse sabor, ela deu esse sabor a minha vida. Ela adoçou muita coisa em minha vida.

Minha esposa Camila e eu nos conhecemos desde meninos, crescemos na mesma rua, brincamos juntos na praça dos Alípios. Nossas mães faziam a feira na mesma bodega (o Mercantil de Seu Nonato e Dona Ritinha), e como nenhuma das duas tinha casa própria, rodavam a cidade toda de aluguel em aluguel, e assim chegamos a ser vizinhos de parede colada.

Quando resolvemos viver juntos, fomos morar num sobrado onde não tinha nada, só uma cama e uma televisão em cima de um tamborete. Não dava nem pra usar a famosa expressão nordestina "juntar os troços", porque não tinha nada pra juntar! Nem geladeira a gente tinha. Toda noite, pegava uma bolsa térmica, passava na casa da mãe dela, colocava uma garrafa de água gelada e levava para lá, só pra poder tomar água gelada.

Mesmo assim resolvemos casar. Tem coisas que pedem urgência. A certeza do nosso amor era tão grande, que a gente queria simbolizar aquilo ali. Era o sonho dela, era o sonho da mãe dela, ver a filha de branco, e era o meu sonho também. Na época, a gente tinha acabado de comprar um fogão, uma geladeira e um micro-ondas a prestação — não sei quantas prestações, a perder de vista. Nem cartão de crédito a gente tinha, pedimos para comprar no cartão de uma amiga de Camila. Não tinha essa história de "vamos esperar as coisas melhorarem". Eu pensava: "E quem disse que as coisas não vão é piorar?! Vamos casar!" Eu tinha 600 reais guardados, e pensei: "Dá."

Lá na cidade o povo só casa na igreja, e povo do interior é muito vaidoso. A cada casamento, o padre libera a igreja para ser decorada — cortinas, tapetes, flores etc. Como não tinha dinheiro para fazer isso na igreja, a gente resolveu marcar a data e se virar com os 600 reais. O importante era que Camila e eu íamos nos casar.

Então um dia reparei que o curral de Seu Dedé do Tibolo, onde ele criava ovelhas, era um lugar muito bonito, todo cercado de cajueiros, uma sombra tão boa que muita gente da cidade fazia churrasco por lá. Tinha chovido e os cajueiros estavam todos verdinhos, a coisa mais linda do mundo!

Meu tio Hipojucam é muito amigo de Seu Dedé, me levou lá, falamos com ele e ficou tudo arranjado.

E foi assim que nosso casamento se deu em um curral.

Peguei os 600 reais, fui para Limoeiro do Norte, onde eu fazia faculdade, gastei tudo em "artigos de luxo" de R$1,99. Barbante, rosas "naturais" de plástico, muito feias, sacos de estopa... Fui lá medir o terreno, voltei para casa e fiz um desenho de como ia ser a decoração.

Um dia antes do casamento, convoquei meus amigos, os amigos de Camila, o povo lá de casa, e foi todo mundo limpar esse curral. Cortamos, no machado, os troncos de estaca de madeira para fazer o caminho da noiva, enrolamos com sacos de estopa, colocamos as rosas de plástico. E tapete? Não tinha tapete! Vai entrar no chão batido? Não pode! Corre na igreja, que tem um tapete. E lá fui eu pedir um tapete emprestado na igreja. Tudo isso na véspera!

Quando fui marcar a data, perguntei ao padre quanto ele cobraria para fazer o nosso casamento no curral de Seu Dedé, mas quando comecei a contar a história de que não tinha dinheiro para casar na igreja, ele disse que ia de graça.

Foi um negócio tão coletivo, de tanta amizade, a comida foi toda feita pela família e por Dona Venis, uma professora que é arretada na cozinha. Foi na confiança, a gente foi para o casamento sem saber o que ia ter para o povo comer. No dia, teve até convidado que chegou trazendo panela com comida e foi colocando em cima da mesa.

Era raro alguém casar fora da igreja lá em Alto Santo naquela época, 2012. No nosso caso, foi desse jeito por pura liseira, éramos um casal sem grana, lascados mesmo, dando um jeito de economizar. Se fosse hoje, seria considerado lindo, poético, demonstrava personalidade, simplicidade, humildade, mas na época ouvi muitas histórias de gente mangando da gente, rindo, dizendo que era ridículo casar no meio do mato. Cidade pequena, a língua do povo... Antes, foi motivo de piada, mas no dia seguinte era só o que se falava na cidade, as pessoas que tinham ido ao casamento choravam contando como havia sido emocionante. O tempo estava bonito, um dia ensolarado, Camila entrou com os dois irmãos gêmeos dela, foi simples e lindo.

E a vida me mostrou mais uma vez a diferença entre preço e valor. Para um casamento acontecer, e não me refiro apenas à cerimônia, a gente precisou de amor, amizade, família, companheirismo, vontade, e não de dinheiro.

Quando casamos, eu já tinha criado a página Nação Nordestina, já estava ali pelejando. E desde o primeiro momento Camila sempre esteve ao meu lado, mantendo a calma, me equilibrando muito. Ela é importante demais em tudo o que me aconteceu, uma verdadeira heroína da vida real, para mim.

Teve uma época em que eu coloquei na cabeça que podia ganhar dinheiro sendo colunista de jornal. Um amigo me falou de um conhecido dele que escrevia uma coluna mensal numa revista e ganhava mil reais por mês. Eu pensei: se me pagarem quinhentos, eu escrevo uma coluna por dia! Então eu pegava um ônibus, saía de Alto Santo com Camila e ia para Fortaleza bater em porta de jornais, portais, revistas, mas ninguém nos recebia. A gente chegava na rodoviária e não tinha dinheiro nem para o táxi. Meu amigo Gustavo, que sempre me apoiou muito, ajudava e deixava a gente dormir na casa dele.

Muitas vezes eu desanimava, pensava em voltar, mas Camila sugeria ir a outro jornal. E tantas vezes ela me incentivou mesmo achando que eu ia receber outro "não", mas ela estava nos fortalecendo, para encaliçar. Acho importante citar que a chance foi dada por uma alma boa chamada Helcio Brasileiro, do portal Jangadeiro, e passei a ganhar 1.500 reais por mês. Foi uma vitória.

Camila e eu levamos muita queda juntos. Mas, acima de tudo, levantamos juntos em todas as quedas. Principalmente neste meu processo de surgimento como artista, a presença dela foi fundamental para me segurar, manter o meu pezinho no chão em muitos momentos. Não seria difícil eu me deslumbrar com tudo que estava acontecendo e surgindo, e mais normal ainda seria que ela, sete anos mais nova do que eu, se deslumbrasse. Televisão, fama, dinheiro, todas as portas abertas, convites... E tivemos conflitos, com ela me dizendo: "Eu não casei com esse aí, não; a gente casou para ter nossa vida normal, eu não quero esse barulho." E podia ter sido o oposto.

Se Camila não vivesse nessa mesma sintonia que eu, é bem possível que a gente tivesse ido embora de Alto Santo. Essa raiz muito forte me ligando às minhas origens vem dela também. Ela, que sempre quer estar lá, com a família. Ela, que sempre me colocou no meu lugar, onde quer que seja. Ela, que me põe no lugar de pequeno quando eu realmente preciso me sentir menor, mas que também me mostra que eu não posso mais me deixar ser pisado. Ela, que sempre foi um ponto de equilíbrio nesse processo assustador de surgimento de fama, TV, dinheiro, esse mundo que nunca foi o nosso!

Agora mesmo, enquanto estou escrevendo este texto, ela chegou, me deu um cheiro e disse, brincando: "Está escrevendo como eu sou maravilhosa e importante na sua vida?" E quando respondi que era isso mesmo, ela saiu rindo, achando que eu estava brincando. Mas não. Ela é, sim, maravilhosa e importantíssima pra mim!

Deus me livre de eu não ter ela na minha vida nesse momento, eu tinha me desmantelado todo.

As coisas simples da vida

Aquela música brega
que toca no coração,
aquela preocupação
da mãe que nunca sossega,
um namoro que se esfrega
e não desgruda de você,
livros pra gente ler,
chegadas e despedidas...
As coisas simples da vida
nos dão forças pra viver.

Dormir ouvindo a canção
da chuva que cai na telha,
um beijinho na orelha,
caminhar de pé no chão,
passar manteiga no pão
bem quentinho pra derreter,
um cafezinho pra beber,
a família reunida...
As coisas simples da vida
nos dão forças pra viver.

Sentir aquele cheirinho
da comida quase pronta,
pagar uma velha conta,
dançar no quarto sozinho,
cantar feito um passarinho,
ensinar e aprender,
nadar, pedalar, correr
por uma rua florida...
As coisas simples da vida
nos dão forças pra viver.

O abraço de um irmão,
o cheiro da sua vó,
ficar um pouquinho só,
carona num caminhão,
rodinhas de violão
e até nada pra fazer,
amigos pra acolher
e roupas bem coloridas...
As coisas simples da vida
nos dão forças pra viver.

Uma carta escrita à mão,
achar dinheiro no bolso,
cochilo depois do almoço,
curtir um feriadão,
ter bicho de estimação,
ser grato e compreender
que um dia vamos morrer
e sentir na despedida
que as coisas simples da vida
nos dão forças pra viver.

Heróis da vida real

Eu acredito em heróis
de carne, osso e suor.
Heróis que acertam e erram,
heróis de uma vida só,
heróis de alma e de corpo
que um dia vão virar pó.

Os verdadeiros heróis
vivem histórias reais,
não são estrelas famosas,
não estampam os jornais,
são como eu e você,
seres humanos mortais.

É aquele professor,
que ensina o aluno a ler.
É alguém que mata a fome
de quem não pode comer.
Herói é quem faz o bem
sem nenhum superpoder.

É aquele que trabalha
todo dia honestamente,
o agricultor no campo
debaixo de um sol quente,
o médico no consultório
salvando seu paciente.

É um bom policial
arriscando a própria vida
pra que a sociedade
esteja bem protegida,
um voluntário na guerra
distante de sua terra
cuidando de uma ferida.

É quem dá um bom conselho
a quem tá desesperado,
é quem indica um emprego
pra qualquer desempregado,
é quem simplesmente abraça
quem tem que ser abraçado.

Herói é o diferente
que luta por igualdade,
é quem cobra dos políticos
respeito e honestidade,
é quem enfrenta a mentira
com o poder da verdade.

Não espere por medalhas,
homenagens de ninguém.
A consciência tranquila,
de que você fez o bem,
é muito mais valiosa
que os aplausos de alguém.

Pra ser um super-herói
não é preciso voar,
tampouco ser imortal.
Essa vida vai passar,
e é cada gesto seu
que vai lhe imortalizar.

Herói sou eu, é você,
é essa gente do bem,
que peleja todo dia
para se salvar também.
Que entende que a união
talvez seja a solução
e que isso nos conforte.
Que esse povo unido
consciente e destemido
é um herói bem mais forte.

**Herói sou eu, é você,
é essa gente do bem,
que peleja todo dia
para se salvar também.**

Bráulio Bessa

#PoesiaQueTransforma

Mãe

Quantas vezes eu penso aqui sozinho
se eu mereço um amor tão puro e forte,
se foi Deus, o destino ou se foi sorte,
afinal, é tão duro esse caminho.
Aí chega você com seu jeitinho
me dizendo por onde caminhar,
cada pedra que eu devo desviar,
não descuida de mim por um segundo.
Se eu vivesse mil vidas nesse mundo
não seria o bastante pra te amar!

Te amar pelas noites maldormidas,
por pensar mais em mim do que em você,
pelas vezes que ouvi você dizer
que a vida era cheia de feridas,
e que é justo nas dores mais doídas
que a gente aprende a suportar,
que é caindo que se aprende a levantar,
até mesmo do poço mais profundo.
Se eu vivesse mil vidas nesse mundo
não seria o bastante pra te amar!

Te amar por ser brisa e furacão,
pelas vezes que tirei o seu juízo,
pelas vezes que estive indeciso
e você me ensinou a direção.
Te amar, mãe, por pura gratidão.
Te amar simplesmente por te amar.
Não existem palavras pra explicar,
só se pode sentir, bem lá no fundo.
Se eu vivesse mil vidas nesse mundo
não seria o bastante pra te amar!

Te amar por estar perto de mim,
não por ter o seu sangue ou sua cor.
Te amar só por ter o seu amor.
Te amar mais pelos nãos que pelos sins.
Te amar por plantar no meu jardim
o amor maior que se pode amar
e mostrar a forma certa de regar
esse sentimento puro e tão fecundo.
Se eu vivesse mil vidas nesse mundo
não seria o bastante pra te amar!

Por ser inteira em pedaços,
por ser lar e por ser lida,
por ser mil em uma só,
por ser sempre repartida,
por ser um pedaço de Deus
me dando um pedaço de vida.

Desde pequeno, sempre vi minha mãe como uma grande batalhadora. O fato de ser costureira foi muito definitivo na criação da imagem que formei dela. Primeiro, porque ela trabalhava em casa, portanto eu via mamãe ralando o dia todo, em cima da máquina de costura, colocando a mão nas costas porque doía, via cliente que mandava fazer cinco vestidos, levava e não pagava... Mas também pelo zelo com que ela costurava, fazia nossas roupas, se importava com os detalhes, exercitava a criatividade. Ela era muito dedicada ao que fazia, passava um verdadeiro amor pelo ofício.

Era comum alguém levar um tecido para fazer alguma roupa e mamãe tomar um cuidado muito grande para não perder os retalhos que sobravam, porque deles ela fazia roupas para mim e meus irmãos. A gente não tinha dinheiro para comprar uma roupinha melhor, principalmente para minha irmã, a única menina. Mesmo assim, minha lembrança é que todo dia mamãe fazia uma roupinha para ela com qualquer coisa que sobrasse, sempre com um cuidado muito grande.

Acho que mamãe aprendeu isso na pele com vovó, que também era costureira. Ela conta que, quando era criança, tinha um vestidinho branco pra usar sempre na noite de Natal. Todo ano, como ela crescia, vovó costurava um novo babado, e assim, com o passar do tempo, o vestido que nasceu branco ficou colorido de tanto babado diferente — além de passar sempre de uma irmã para a outra. Como fala meu amigo e psicólogo Rossandro Klinjey: não é o pobre que escolhe a roupa, é a roupa que escolhe o pobre.

Tudo isso eu fui vendo, e tinha consciência de que a gente dependia de mamãe e dessas máquinas para comer. Lá em casa tinha uma salinha com as máquinas de costura, e eu lembro bem de estar sempre no meio, porque gostava de ficar vendo mamãe costurar. Tinha uma máquina antiga com uma espécie de roda grande embaixo, de onde vem a correia que dá o movimento, e que parecia a direção de um carro. Eu adorava ficar, ainda pequenininho, ali embaixo, brincando de dirigir.

Cresci vendo minha mãe nessa luta e formei a imagem de uma mulher muito valente, criativa, corajosa, inteligente e trabalhadora. Depois que ela e meu pai se separaram, vi mamãe não esmorecer. Aquilo me admirou muito. Era como se eu estivesse esperando que ela afrouxasse, se fragilizasse, mas não. Aconteceu justamente o contrário.

Meus pais se conheceram em Fortaleza. Minha mãe, Ana Lídia, foi visitar uma amiga que morava lá, e meu pai, Evaristo, era vizinho dessa amiga. Depois que se casaram, Evaristo e Ana Lídia foram para Goiás. Meu pai estava desempregado, e ofereceram a ele um trabalho que, no Ceará, chamam de "galego": vendedor de artigos diversos, de porta em porta. Disseram que lá era bom, então eles foram, no escuro. Na verdade, era um lugar muito remoto, na beira do rio Araguaia, e lá eles sofreram bastante. Moraram num galpão abandonado, passaram fome, minha mãe chegou a pesar 32 quilos, não tinham nem dinheiro para voltar para o Ceará.

Meu pai saía para vender as coisas, minha mãe ia pescar de manhã com anzol na beira do rio, para poder comer no almoço, e de tarde trabalhava numa lavoura de arroz. As condições eram tão precárias que chegaram a cair todas as unhas das mãos dela. Duas vezes por semana, ela limpava a casa de uma mulher e, em troca, o salário eram anticoncepcionais. Ela sabia que, numa situação como aquela, se engravidasse, morreriam ela e a criança. Ainda assim, quando escrevia cartas para os pais, mamãe dizia que estava ótima, que lá tinha muita fartura e que estava gorda. Mesmo com tanta dificuldade, minha mãe conta que, no que diz respeito ao casamento, foi uma época em que foi feliz, porque ela e meu pai sofriam muito, mas sofriam juntos, eram muito unidos. Nada alimenta mais que o amor.

Muitos anos depois, perguntei a ela por que, naquela época tão difícil, ela não tinha voltado. Na casa de vovô as coisas nunca foram fáceis, não tinha luxo, mas não faltava o básico. Na minha cabeça, ela não precisava ter sofrido tanto. A resposta dela foi uma lição: "Não voltei porque não podia e porque não queria. Eu precisava viver aquilo, enfrentar a vida e aprender com o sofrimento." Repare que mulher forte.

Hoje sinto orgulho do ofício de mamãe, mas é claro que houve momentos em que a julguei e me revoltei. Por exemplo, quando era pré-adolescente, eu tinha dois sonhos de consumo: ter um videogame Super Nintendo e usar camiseta de marca. O videogame eu queria porque dois amigos meus tinham e eu adorava, mas custava muito caro, era impossível para minha mãe me dar. As camisetas eram uma questão de estar na moda, meus amigos iam com camiseta de marca para a escola e eu não tinha. Naquela época, em

Alto Santo, as marcas mais cobiçadas eram Bad Boy (a do bonequinho com a boquinha torta) e Maresia. E eu não podia, principalmente sendo neto e filho de costureiras. Até minhas cuecas quem fazia era mamãe.

Nessas horas eu julgava minha mãe, por ela não me dar o que outras mães davam a seus filhos. Eu dizia que odiava ser pobre, e tinha, inclusive, vergonha de usar as camisas que a minha mãe fazia. Era só mais um adolescente imaturo e fútil, de algum modo me sentia inferior a alguém que usava aquelas camisetas de marca.

Muitos anos depois, comprei uma camiseta cara. Entrei numa loja de shopping em Fortaleza, vi a camiseta — e olhe que era muito mais cara do que aquelas dos meus sonhos de adolescente — e comprei à vista, no dinheiro, "pei bufo", como dizemos no Ceará. No fim das contas, não vi muita graça e não me senti feliz. Eu queria viver aquilo, e, vivendo, aprendi que aquela camiseta cara tinha *preço*, mas as camisetas que minha mãe fazia tinham *valor*. E têm até hoje. Já fui para a televisão, palestras, eventos diversos com camisetas feitas por mamãe — inclusive a foto de capa deste livro traz uma de suas peças, que ela costurou especialmente para esse momento.

Já agora, depois de adulto, eu me emocionei muito quando encontrei, nas coisas de mamãe, uns papeizinhos amarelados, velhos, uma espécie de cadernetinha. Eu não sabia o que era, mas vi que tinha a letra dela, que é muito bonita, e tinha o meu nome, então achei que eu podia ler. E ali vi mais uma vez o zelo, o cuidado. Eram anotações sobre mim, como, por exemplo, o registro de quando eu fui convidado pela primeira vez para uma festinha de aniversário, ou a data em que falei a primeira palavra. Era uma espécie de diário em pedacinhos de papel, mas muito bem escrito e feito com muito capricho, de forma tão simples, mas tão bem cuidada. Na época, dentro das embalagens de chiclete vinha uma figurinha *transfer* que, ao esfregar com a unha, passava a imagem para o papel. Ela colocava esses pequenos desenhos para enfeitar, para ter alguma cor. Encontrei isso por acaso, pois ela nunca me mostrou.

Minha mãe, mulher nordestina, pequenininha, franzina, mas para mim sempre uma gigante.

A força de uma mãe

A força de um coração
que bate só pra amar
que pode nos acalmar
num simples toque de mão.
A força da proteção
daquele abraço bem quente
que planta e rega a semente
de um amor puro e profundo.
A maior força do mundo
é o amor que uma mãe sente.

A força de quem sorri
mesmo quando quer chorar.
Que escolhe se machucar
pro mundo não nos ferir.
Que nem pensa em desistir
não importa o que se enfrente
ela estende a mão pra gente
até no poço mais fundo.
A maior força do mundo
é o amor que uma mãe sente.

Forte...

Forte é quem se reparte
e mesmo sem se quebrar
tem que se multiplicar.
Não é cálculo, é arte.
Quem te acha em qualquer parte,
quem é sempre mais valente,
o amor mais insistente,
mais disposto e mais fecundo.
A maior força do mundo
é o amor que uma mãe sente.

Se preciso, passa fome
pra nos dar o que comer.
Quem nos ensina a crescer
sem dinheiro ou sobrenome.
O que se aprende não some,
lhe faz alguém consciente,
e forte interiormente.
Por isso não me confundo.
A maior força do mundo
é o amor que uma mãe sente.

É preciso ser tão forte
pra dizer "não" por amor
pra sentir na pele a dor
quando a gente sofre um corte.
Mais forte que a própria morte,
mãe é forte eternamente
no coração e na mente
ninguém esquece um segundo.
A maior força do mundo
é o amor que uma mãe sente.

É a força do cuidado,
do perdão, da paciência,
força da alma, do corpo,
do suor, da resistência,
a força de curar tudo
sem precisar de ciência.

É a força de ser única
e nunca nos deixar só,
da presença até ausente,
a força de ser maior,
a força doce de um laço
e a segurança de um nó.

Dar à luz

Dar à luz uma criança
é iluminar seus dias,
dividir suas tristezas,
somar suas alegrias,
é ser o próprio calor
naquelas noites mais frias.

Dar à luz é estar perto,
é sempre chegar primeiro,
é ter o amor mais puro,
mais honesto e verdadeiro,
amar do primeiro olhar
até o olhar derradeiro.

Dar à luz é se estressar,
é não conseguir dormir,
é ser quase "odiado"
por dizer: — Não vai sair.
Dar à luz é liberar,
mas também é proibir.

Dar à luz é ser herói
com um papel de vilão,
é saber regrar o SIM
e nunca poupar o NÃO.
Não é traçar o caminho,
é mostrar a direção.

Dar à luz é ser presente
nos momentos mais cruéis,
é ensinar que os dedos
valem mais do que os anéis,
e mostrar que um só lar
vale mais que mil hotéis.

Dar à luz é se doar
é caminhar lado a lado,
é a missão de cuidar,
de amar e ser amado,
é ser grato por um dia
também ter sido cuidado.

É conhecer o amor
maior que se pode amar,
é a escola da vida
que insiste em ensinar
que pra dar à luz um filho
não é preciso gerar.

É entender que o sangue
nesse caso é indiferente.
Duvido o DNA
dizer o que a gente sente.
É gerar alguém na alma
e não biologicamente.

Pois não tem biologia
nem lógica pra explicar,
amor de pai e de mãe
não se resume em gerar,
quem gera nem sempre cuida,
mas quem ama vai cuidar...

Vai cuidar independente
da cor que a pele tem,
da genética, do sangue,
o amor vai mais além.
O amor tem tanto brilho
que quem adota um filho
é adotado também.

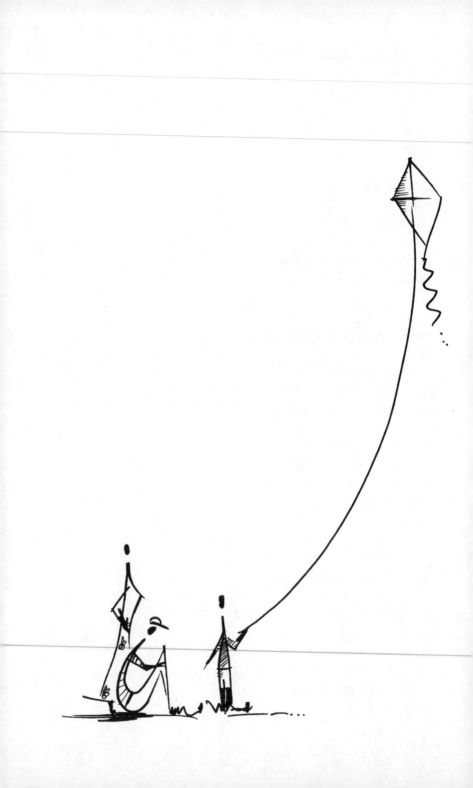

**Amor de pai e de mãe
não se resume em gerar,
quem gera nem sempre cuida,
mas quem ama vai cuidar...**

#PoesiaQueTransforma

Do lado esquerdo do peito

Do lado esquerdo do peito
A gente guarda amor
Os colegas de escola
O nome de um professor
Um beijo lá na pracinha
A pipa presa na linha
Um gol na prorrogação
Uma rede na varanda
Uma roda de ciranda
E a lambida de um cão.

Do lado esquerdo do peito
A gente guarda amizade
A gente guarda uma rua
Um país, uma cidade
Um toque, um cheiro, um sabor
Os sonhos de um sonhador
A esperança, a fé
Uma carta inesperada
Um passeio na calçada
Pão de queijo com café.

Do lado esquerdo do peito
A gente guarda saudade
Que é a lembrança de tudo
Que faz falta de verdade
A gente guarda um conselho
Guarda um vestido vermelho
Guarda o som de uma risada
O toque de uma canção
Os pés descalços no chão
A partida e a chegada.

Do lado esquerdo do peito
A gente guarda paixão
Guarda o primeiro salário
Guarda um aperto de mão
A gente guarda um retrato
O cheiro que vem do mato
Um desenho do seu filho
Um abraço demorado
Um filme, um seriado
E bolinho de polvilho.

Do lado esquerdo do peito
A gente guarda carinho
A gente guarda as lições
Que aprendemos no caminho
A gente guarda bobagens
A gente guarda viagens
Pessoas que conhecemos
Sensações e sentimentos
A gente guarda momentos
Até os que nem vivemos.

Do lado esquerdo do peito
A gente guarda aconchego
Há quem guarde o agito
E há quem guarde sossego
A família reunida
A comida preferida
A bênção de sua vó
A gente guarda um segredo
Guarda a coragem, o medo
E aquele momento só.

Do lado esquerdo do peito
Dá pra guardar mil amores
Mil saudades, mil lembranças
Mil sorrisos e mil dores
A gente guarda mil sons
A gente guarda Mil tons
De tudo que é sentimento
Cada verso aqui foi feito
Pro lado esquerdo do peito
Guardar Milton Nascimento.

té começar a estudar a vida de Patativa do Assaré, eu não tinha muito contato com artistas nem me interessava por isso. Mas quando me encantei por Patativa e vi que ele era cantador, violeiro e repentista, fui procurar saber e comecei a ir nas cantorias de viola em Alto Santo. Nunca tinha ido antes, e até então não tinha o menor interesse. Eu era um menino de 14 anos que ouvia Legião Urbana, Engenheiros do Hawaii, Backstreet Boys, Sandy & Junior, tinha até uma fita do KLB... Achava que cantoria era música de velho.

Todo dia, às seis da manhã, tem um programa de rádio, de um poeta e cantador chamado Roberto Alves, lá de Alto Santo. Minha mãe sempre ligava o rádio cedinho enquanto arrumava a gente para ir para a escola, era justo na hora da cantoria, mas eu ia lá e mudava de estação. Depois que comecei a frequentar as cantorias, passei a ouvir esse programa e fiquei apaixonado. Vi que aquilo não era música ruim, era poesia. Aliás, aprendi que não existe música ruim, música boa é aquela que faz bem, que deixa feliz, que emociona, que toca — e aquilo me tocava e toca até hoje.

É curioso, muitas vezes o próprio cantador de viola não se considera um poeta, às vezes é um analfabeto que nem escreve e faz tudo ali de improviso, são coisas geniais que se perdem. Quando eu descobri que quase tudo era feito de improviso, foi um choque. A mente de um repentista é uma coisa impressionante, que merece ser estudada. Para mim, o repentista é o artista mais injustiçado do mundo da arte.

No interior, as cantorias em geral acontecem nos botecos, e foi ali que tive meu primeiro contato com esse universo. Os botecozinhos são muito pequeninos, só cabem o balcão e o bodegueiro para despachar a cana pro cabra... Quando é dia de cantoria, eles espalham as mesas na rua, então eu podia ficar lá — não podia ficar dentro do bar, mas na rua podia. Eu ia de bicicleta, escorava ela e ficava assistindo. Às vezes eu pedia moeda ao meu avô, porque achava bonito botar moeda para o cantador. Ficava tentando entender como era aquele universo das disputas, da hora do improviso, da hora das canções. Alguém pedia uma canção para a mãe, por exemplo, e colocava na bandeja a dedicatória... Aquilo me fascinava.

Roberto Alves, o do programa de rádio, é o cantador lá de Alto Santo, e hoje em dia um grande companheiro, com quem eu converso muito. Ele sempre organizou as cantorias da cidade. Sempre que estou em Alto Santo a gente se encontra lá no Bar de Suílo, na esquina de Vicente Claudino. Roberto é muito bom de improviso, um dos melhores que já vi, e não tem dupla, canta com vários cantadores, por isso eu vi de tudo, pois ele sempre convidava um cantador diferente para cantar com ele, passava gente de tudo que era canto do Nordeste.

Na época eu lembro que não via outras crianças nas cantorias, eram só os mais velhos. Existe até hoje um preconceito, por isso não há renovação, e eu me preocupo muito com isso. O cantador de viola, o repentista nordestino, está em extinção. Não existe uma renovação devido a uma falta de valorização. O próprio cantador, se vir o filho pegando numa viola, manda ele parar e diz: "Vai estudar, que eu não quero ver você pelejando aí para cair uma moeda no seu chapéu."

Hoje em dia, quando estou em Alto Santo, se tem cantoria eu vou e carrego o povo todo, os meus amigos, a minha família. É um ambiente que respira poesia, não só no cantador, mas em cada rosto. As pessoas são apreciadoras de poesia e muitas vezes nem sabem. Existe uma interação com o pessoal que pede um mote, porque um mote, para ser pedido, tem que ser por alguém que entenda um pouco, ele precisa ser rimado e metrificado, para poder casar. Então, de repente sai um mote criado na hora, alguém pega um papelzinho e pede para cantar. É o contato mais próximo, mais humano que eu tenho com a poesia. Eu não tenho tanto contato com outros poetas, não tem isso de sentar, discutir e conversar sobre poesia.

Quando comecei, eu escrevia mas nunca me via declamando. Até que um dia, também na sala de aula, também com um professor, conheci a arte da declamação de poemas. Faltando vinte minutos para acabar a aula, o professor de História foi buscar o som e disse que ia nos mostrar um negócio que ele tinha descoberto: era um CD do grupo Cordel do Fogo Encantado. Ele pôs, e eu ouvi Lirinha declamar o poema "Ai se sêsse", do poeta Zé da Luz:

Se um dia nóis se gostasse
Se um dia nóis se queresse
Se nóis dois se empareasse
Se juntim nóis dois vivesse
Se juntim nóis dois morasse

Se juntim nóis dois drumisse
Se juntim nóis dois morresse (...)

A maioria dos alunos queria ir embora e começou a sair. Eu fiquei hipnotizado. Pedi ao professor para tirar uma cópia do CD. Na hora, ele me levou na secretaria da escola, fez uma cópia e eu voltei para casa.

Esse foi o meu primeiro contato com a declamação viva, com a interpretação muito forte, muito pulsante. Eu já escrevia desde os 14 anos, era apaixonado por poesia e tinha muita coisa escrita, mas não tinha nada decorado porque não sentia a necessidade de declamar, então pra que decorar? Quando ouvi Lirinha do Cordel do Fogo Encantado declamando, eu também quis decorar. No CD que levei para casa, ele declamava um poema chamado "O cordel estradeiro", de Manoel Chudu. Começava bem forte:

O meu Cordel Estradeiro
vem lhe pedir permissão
pra se tornar verdadeiro,
pra se tornar mensageiro
da força do teu trovão

Aí ele dava uma diminuída:

e as asas da tanajura
fazer voar o sertão.

A vida que a poesia ganhava com a declamação era tanta, que eu pensei: "Quero fazer isso também!" Se eu queria ser poeta por causa de Patativa, a partir daquele momento eu quis declamar por causa de Lirinha do Cordel do Fogo Encantado.

E aí peguei esse gosto pela declamação, pelo poder da palavra falada e da sonoridade da poesia nordestina, de poder colocar o sotaque carregado, o dialeto, e de perceber, na declamação, a importância da rima e da métrica para que tudo case perfeitamente e seja melódico.

Quando comecei a gravar vídeos na internet, eu já declamava poesia em grupos de teatro de rua. Montei um grupo chamado Vozes da Seca e escrevi vários poemas que retratavam a seca no Nordeste. Eram poemas pesados, que eram para ser um grito de socorro do povo nordestino. Então pensei em fazer alguma coisa como o Cordel do Fogo Encantado: um cabra na guitarra, um outro tocando percussão, outro no baixo. Comecei quase que como um "cover" do Cordel no que diz respeito a declamar, o estilo era muito parecido, a diferença é que eu declamava os meus próprios poemas.

Com o tempo fui amadurecendo, entendendo melhor o que eu queria passar para as pessoas, e hoje acho que tenho um estilo próprio. Mas surgiu assim: escrever, através de Patativa, e declamar, através de Lirinha.

Fãs e ídolos

É tão natural ser fã
das canções de um cantor,
de uma celebridade,
das obras de um escritor,
dos versos de um poeta,
dos papéis de um ator.

O que é preciso fazer
para ser idolatrado?
Atuar numa novela,
num filme, num seriado,
ter na rua um outdoor
com seu rosto estampado?

O que é preciso fazer
para ser admirado?
Estar na capa da revista,
no jornal ser destacado,
ter milhões de seguidores
e ser bem relacionado?

Quase sempre há barreiras
entre o ídolo e você.
O palco que é mais alto,
a grade pra proteger,
a distância de uma imagem
projetada na TV.

Não é errado ser fã.
Errado é endeusar.
Afinal, somos iguais
e se parar pra pensar
viemos do mesmo canto
e vamos pro mesmo lugar.

É preciso ser famoso
pra ser ídolo de alguém?
Quem tem visibilidade
consegue ir muito além,
porém pode um invisível
ser um ídolo também.

Basta você reparar
no que há por trás do pano.
O que tem dentro da gente
será sempre soberano.
Por isso, antes de tudo,
seja fã do ser humano.

Dá pra ser fã do gari
que limpa sua cidade,
do porteiro que lhe trata
com tanta cordialidade.
Eu garanto: dá pra ser
fã de gente de verdade.

Basta você enxergar
com olhos na mesma altura
o professor do seu filho,
o vendedor de verdura,
o agricultor no campo
e o doutor buscando a cura.

Tantos ídolos no mundo
que passam despercebidos,
dificilmente lembrados,
facilmente esquecidos
e, por nossa ignorância,
tão pouco reconhecidos.

Seja bom, justo e honesto,
não faça mal a ninguém.
Seja anônimo ou famoso,
seja e pratique o bem
pra ser fã de você mesmo
e ser ídolo de alguém.

Vira-lata

Já era tarde da noite
eu avistei lá na rua
um cachorro bem franzino
coberto só pela lua.
Faminto, usando as patas
ele revirava latas
em busca de alimento,
um animal indigente
condenado inocente
a viver no sofrimento.

Seguiu caminhando torto
vagando pelas calçadas
se defendendo de chutes
desviando de pedradas.
Até que um bom senhor
num gesto de puro amor
lhe disse: "Vamos pra casa!"
E eu garanto a vocês
que foi a primeira vez
que eu vi um anjo sem asa.

Porém, antes de levá-lo,
o homem deu uma lição
quando abraçou o cachorro
lhe implorando perdão
em nome do ser humano
tão cruel, tão leviano,
de bondade tão escassa.
Ah, se o homem mudasse,
se nossa raça chegasse
aos pés da sua raça.

A raça que se divide
pra multiplicar amor
nascido de uma ninhada
de todo tipo de cor
que tem em sua linhagem
o pedigree da coragem
da luta, da resistência,
isso sim é raça pura
pois quanto mais se mistura,
mais forte é a sua essência.

O senhor ainda disse
pra quem não compreendeu:
"Quer saber que raça é essa?
Repare o que ele sofreu.
Os medos que superou,
cada dor que suportou
mesmo sem ferir ninguém
punido por ser mistura
mas no fundo raça pura
o homem também não tem."

Todo homem é vira-lata
pois vive desde menino
levando chutes da vida
e pedradas do destino
que muitas vezes sem dono
passa medo, perde o sono
precisando de um amigo.
O tempo lhe envelhece
o mundo às vezes lhe esquece
e vai parar num abrigo.

Todo mundo ali ouvindo
o que o senhor dizia
e ele disse: "Vira lata,
vira amor, vira alegria,
pelo menos um segundo
vire a alma desse mundo
ao avesso, como a sua.
O homem melhoraria
talvez até cresceria
se virasse um cão de rua."

**E ele disse: "Vira lata,
vira amor, vira alegria,
pelo menos um segundo
vire a alma desse mundo
ao avesso, como a sua.
O homem melhoraria
talvez até cresceria
se virasse um cão de rua."**

#PoesiaQueTransforma

Grande interior

Eu saí lá do sertão
e cheguei na capital
desconfiado, nervoso,
suando e passando mal
com medo da violência
e com minha inocência
enfrentei esse dilema
decidindo caminhar
em busca de encontrar
a solução do problema.

Caminhando na calçada
eu vi o povo contente
jogando conversa fora
com um olhar inocente.
Eu pensei: Tem algo errado,
só posso estar enganado,
achei que era diferente.

Avistei um shopping center
chamado Shopping do Zé
onde se vende fiado
na confiança e na fé.
Ainda tinha cortesia,
na porta Dona Maria
oferecia um café.

Ao lado do shopping center
um condomínio enfeitado
sem portaria, sem muros
muito bem arborizado
com passarinhos cantando
e a criançada brincando
sem ninguém ser enjaulado.

Eu fui me aproximando
prestando mais atenção,
quando vi já tava dentro
pois lá não tinha portão.
Reparei cada criança,
renovei minha esperança
e acalmei meu coração.

Vi um empinando pipa,
outro soltando pião,
pega-pega, esconde-esconde
de pés descalços no chão
sem nenhum aplicativo,
brincando só de ser vivo
sem um celular na mão.

As avenidas de terra
sem concreto, sem asfalto,
não tinha sinal de trânsito,
o respeito era mais alto.
De noite se via a lua
e passeava na rua
sem nenhum medo de assalto.

No lugar de cada poste
se plantou uma goiabeira
onde qualquer um colhia
sem precisar ir à feira.
E a sombra ainda servia
pras amigas de Maria
fofocar muita besteira.

Não avistei um mendigo
deitado numa calçada.
Eu não vi uma mulher
sofrendo assediada.
Nem ninguém perdendo a vida
por uma bala perdida...
Eu vi a paz restaurada.

No final do entardecer
o sol se pôs devagar
e todo mundo assistiu,
ninguém quis fotografar,
pois todo mundo sabia
que na tarde que viria
ele estaria por lá.

Foi aí que eu acordei
desse sonho tão bonito.
Parece coisa de doido,
soa meio esquisito,
mas eu vi que a solução
tava lá no meu sertão,
feita de paz e amor.
Se essa cidade gigante
vivesse de hoje em diante
como um grande interior.

A primeira vez que eu saí do Ceará foi aos 12 anos, para ir a São Paulo visitar meu pai. Eu já saí logo espalhando para todo mundo que ia andar de avião, porque nessa época muita gente ia para São Paulo de ônibus, eram três dias de viagem pela Itapemirim. E como meu pai sabia que minha mãe nunca me deixaria ir sozinho de ônibus, ele juntou um dinheiro e eu, como era já maiorzinho, fui o primeiro a ir.

Fiquei em São Paulo durante 29 dias, no mês de julho, em pleno inverno. Meu pai trabalhava no bairro do Brás, que tem uma história muito forte com a minha cidade. Um grande lojista do Brás, conhecido por Seu Mimi, é dono da rede de lojas chamada Lojão do Brás, que tem uma loja gigante no Brás e várias outras no interior de São Paulo. E ele é de Alto Santo, saiu de lá com 18 anos como retirante para São Paulo e construiu um império.

Então o Brás era praticamente uma filial do Alto Santo, porque Seu Mimi dava emprego para todo mundo. A taxa de desemprego em Alto Santo era zero. Muita gente, quando terminava os estudos, a mãe ou o pai já ligava pra ele: "Seu Mimi, meu menino terminou os estudos, pode ir?" "Pode." Então ele dava alojamento e ajudava, mas sempre fazia questão de saber se a pessoa tinha completado pelo menos o ensino fundamental. Meu pai foi e acabou trabalhando na loja ao lado, que era do irmão de Seu Mimi e que, por coincidência, se chamava Bessa Modas!

Uma das irmãs de mamãe, minha tia Ana Lúcia, foi a primeira da família a ir embora para São Paulo trabalhar com Seu Mimi. Até hoje ela mora em São Paulo e é gerente da loja do Brás. Ela sempre ajudou minha mãe com a gente. O tal do Super Nintendo, que era meu sonho, foi ela que me deu. No início do ano era ela quem mandava material escolar para mim e meus irmãos. Essa minha tia sempre foi muito presente, ela era a "tia rica". A gente esperava a visita dela uma vez por ano porque sentia saudade, claro, mas também porque sabia que ia ganhar presente: roupas, brinquedos, chuteira para jogar bola. Essa imagem da tia que foi e venceu na vida lá em São Paulo cativava a gente, e tantas outras famílias. As pessoas iam para São Paulo e, mesmo não ficando ricas, conseguiam ajudar a família, então isso estimulava que mais gente fosse.

Quando cheguei no Brás, num primeiro momento achei estranho, porque eu só via o povo de Alto Santo! Mas foi incrível. Me lembro de ter ido ao Ibirapuera e achar lindo todo aquele verde. Lembro também de andar de ônibus todo dia com meu pai. E de ter descoberto o que era misto-quente! Quando cheguei na casa do meu pai, a esposa dele perguntou se eu queria um misto-quente e eu aceitei, mas pensava que era alguma bebida quente misturada. Aí ela me deu um pão com presunto e mozarela, eu segurei e fiquei comendo, e depois perguntei: "E o misto-quente?", "Você já tá terminando", "Ah, é isso aqui? Então tá...".

Também foi nessa viagem que eu sofri pela primeira vez o preconceito por ser nordestino. Meu pai fez um churrasquinho na casa dele, e eu peguei um espeto com carne como se fosse uma espada, de brincadeira. Meu pai tirou uma foto e alguns dias depois mandou revelar o filme. Quando ficaram prontas, eu estava no balcão da loja olhando as fotos na hora do café e um funcionário, que era de São Paulo, viu essa foto com o espeto de carne e comentou: "Essa aqui é para o seu menino levar lá para o Ceará e mostrar ao povo lá o que é carne, né?" As pessoas riram, eu ri, mas hoje vejo que foi o primeiro momento em que existiu uma discriminação por ser nordestino, por essa atribuição de que todo mundo no Nordeste passa fome, como se lá ninguém soubesse o que era carne assada.

Como ganhei roupa de moletom para poder passar o frio de julho em São Paulo, e as roupas eram bonitas, quando voltei para Alto Santo eu queria sair ao meio-dia de moletom, com camisa de capuz. Aí era o matuto mesmo, original! Mamãe olhou pra mim e disse: "Você pode pelo menos usar só quando chove?", e eu respondi: "Mas aqui não chove nunca!" Resultado, fiz minha mãe arrancar as mangas e fazer uma regata para eu usar o moletom, mas o tecido era tão grosso que eu suava mesmo assim.

Antes disso, quando eu era criança, o contato com a cidade grande era pequeno. Ir para Fortaleza era só quando tinha um evento, um médico, coisas assim. Mas a gente ficava buscando motivo para ir. Por exemplo, se um tio meu chegasse de São Paulo de avião e alguém fosse de carro buscar no aeroporto, a gente brigava para ir, enfrentar três horas de viagem só para olhar para os prédios — porque muitas vezes nem descia do carro! O tio já tinha chegado, o carro encostava, ele jogava as malas dentro e tocava pra Alto Santo. Mas eu tinha o gosto de, no dia seguinte, chegar na escola e falar: "Pois é, fui ontem em Fortaleza." Enchia a boca pra dizer "Já fui à capital cinco vezes!", sem nunca ter nem descido do carro.

Eu olhava para os prédios, os apartamentos, e ficava imaginando cada vida, cada história. Quando se falava da capital, eu imaginava um lugar em que ninguém nem se cumprimentava. E ficava encantado com esse mistério, pois vinha de um lugar em que conhecia a vida de todo mundo. Alto Santo tem aquela atmosfera de cidade pequena de interior, onde todo mundo dá bom dia, se conhece, se preocupa com todo mundo — para o bem ou para o mal, para falar da vida alheia ou para ajudar. O mesmo vizinho que está falando de você lhe dá um prato de comida se você estiver com fome.

Nessa época Alto Santo não tinha escola particular, as três escolas da cidade eram públicas. Por isso, a escola era um espaço muito igualitário e democrático. Todo mundo estudava junto, o filho do fazendeiro estudava na mesma sala do filho do peão dele. Eu estudava com pessoas que tinham mais condição que eu, e ir a Fortaleza era sinal de status.

Os meninos que tinham família em Fortaleza falavam do Shopping Iguatemi, e eu tinha um encantamento, porque nunca tinha ido a um shopping. Eles falavam dos enfeites de Natal do Iguatemi, e para mim aquilo era tão distante quanto a Disney. Ir a Fortaleza ainda era possível, sem descer do carro e tudo. Mas eu ir ao Iguatemi?! Um shopping, com escadas rolantes?! Eu era deslumbrado com aquilo. Fantasiava uma imagem do Iguatemi sem ter nunca visto sequer uma foto. Curiosamente, em 2017 eu fiz a campanha de Natal do Iguatemi em Fortaleza! Aí eu passo no Iguatemi hoje e está lá meu rosto nos telões. Nessa hora eu queria era voltar a estudar com alguns daqueles meninos amostrados, só para dizer, me amostrando mais ainda: "Enquanto você foi passear no Iguatemi, eu sou garoto-propaganda..."

Recentemente, Camila e eu fomos procurar uma casa em Fortaleza para a gente. Mas é uma cidade com índice de violência altíssimo, e eu sou frouxo pra essas coisas, morro de medo de violência, de arma, quero distância disso. Disseram que seria mais seguro procurar num condomínio, então foi o que fizemos. Não por querer esbanjar ou por querer chiqueza, não. Pura e simplesmente por medo: medo da capital, medo de estar saindo do interior, afinal vivi trinta anos numa cidade pequena, onde tudo é muito tranquilo.

O engraçado foi que, em todos os condomínios onde fomos procurar, sempre ouvíamos a mesma coisa: "Aqui você vai se sentir como se estivesse no interior." Veja que contraditório, a propaganda do que é bom na capital é dizer que é como se você estivesse no interior. Rapaz, mas o interior eu já tenho, e é de graça!

O encontro dos sentimentos

Outro dia acordei cedo
o sol nem tinha raiado,
no terreiro lá de casa
escutei um cochichado.
Curioso, eu cheguei perto
pra mode saber ao certo
o que era conversado.

Falavam da violência
que o mundo vem sofrendo,
da conta que o povo paga
sem sequer estar devendo
e de como a maldade
em toda a velocidade
todo dia está crescendo.

Foi aí que eu percebi
que era uma reunião.
Virtudes e Sentimentos
debatendo essa questão.
E a Razão disse à Bondade:
"Só se muda a humanidade
consertando o coração."

A Paz também tava lá,
já que a paz é um sentimento,
ferida e chorando muito,
naquele exato momento
decidiu pedir ajuda
e disse: "Ou o homem muda
ou aumenta o sofrimento."

Nessa hora levantou
a tranquila Paciência
dizendo que conseguia
evitar a violência,
mas que tava complicado
nesse mundo estressado
sem usar a consciência.

Foi quando se ouviu a voz
firme e forte do Respeito
que disse: "A violência
é irmã do preconceito.
Respeitando o diferente,
o homem anda pra frente;
talvez esse seja o jeito."

A Honestidade disse:
"Você tem toda a razão
mas acrescente na lista
o fim da corrupção.
O retorno é garantido
se o dinheiro é investido
numa boa educação."

Eu continuei ouvindo
quando o Perdão falou:
"Ah, se o povo me usasse
como um bom homem me usou,
ensinando uma lição
derramando seu perdão
a quem lhe crucificou."

A Sabedoria, eufórica,
abraçou-se com o Perdão
e gritou: "Só tem um jeito,
é fazer uma inversão
vivendo bem diferente,
sentindo mais com a mente
e pensando com o coração."

Com um vestidinho verde,
avistei uma criança
dizendo: "Eu acredito
nessa sonhada mudança
e um dia vamos sorrir
sem pensar em desistir
pois meu nome é Esperança."

Já no fim da reunião
levantou-se um senhor
com um crachá na camisa
escrito a palavra Amor.
E disse: "Nossa mistura
é, sim, a única cura
que alivia essa dor."

É unindo a esperança,
a paciência, o perdão,
respeito, sabedoria,
a bondade e a razão,
restaurando a paz no mundo,
guardando tudo no fundo
da mente e do coração.

É preciso mudar

Caminhe por outra rua
Mude os móveis de lugar
Use aquela roupa velha
Na pressa, pode esperar.
Corte, pinte seu cabelo
Sem seguir nenhum modelo
Pois é preciso mudar.

Pinte a parede da sala
Sem medo de se sujar
Devore a lasanha, a coxinha
Sem culpa por engordar.
Frequente novos lugares
E respire novos ares
Pois é preciso mudar.

Escreva uma carta à mão
E esqueça o celular
Visite alguém que faz tempo
Que não vem lhe visitar.
Fale mais, digite menos
Construa em novos terrenos
Pois é preciso mudar.

Aprenda uma nova língua
Talvez volte a estudar
Tome mais banhos de chuva
Deixe a vida lhe banhar.
Pule muros e barreiras
Crie novas brincadeiras
Pois é preciso mudar.

Há mudança até na dor
Basta a gente observar
Deixar a casa dos pais
Mesmo querendo ficar.
Ver amigos indo embora
Sentir a dor de quem chora
Sofrer também é mudar.

Perder aquele emprego
Não ter grana pra gastar
Estudar pra um concurso
E mesmo assim, não passar.
Ser largado, ser traído
Se sentir meio perdido
Sofrer também é mudar.

O vento que às vezes leva
É o mesmo vento que traz
Leva o velho e traz o novo
Se renova, se refaz.
Transforma agito em sossego
Desconforto em aconchego
Faz a guerra virar paz.

A vida, o mundo e o tempo
Nos mudam desde criança
Modificam nossos sonhos
Renovam nossa esperança.
E a mudança mais feroz
Fazendo tudo de nós
Um dia virar lembrança.

O tempo é um piloto louco
Que gosta de acelerar
Não vê placas nem sinais
E sempre vai avançar.
Modificando o sentido
Faz "viver" virar "vivido"
Basta um segundo passar.

Pra mudar basta existir
Ninguém pode controlar
Pois tudo que é vivo muda
Viver é se transformar.
Viver é evoluir
E ao deixar de existir
Até morrer é mudar.

Aprenda uma nova língua
Talvez volte a estudar
Tome mais banhos de chuva
Deixe a vida lhe banhar.
Pule muros e barreiras
Crie novas brincadeiras
Pois é preciso mudar.

#PoesiaQueTransforma

Natal

Que você, nesse Natal,
entenda o real sentido
da data em que veio ao mundo
um homem bom, destemido
e que o dono da festa
não possa ser esquecido.

Vindo lá do Polo Norte
num trenó cheio de luz
Papai Noel é lembrado
muito mais do que Jesus.
Ô balança incoerente
onde um saco de presente
pesa mais que uma cruz.

Sei que dar presente é bom
mas bom mesmo é ser presente
ser amigo, ser parceiro
ser o abraço mais quente
permitir que nossos olhos
não enxerguem só a gente.

Que você, nesse momento,
faça uma reflexão
independente de crença,
de fé, de religião
pratique o bem sem parar
pois não adianta orar
se não existe ação.

Alimente um faminto
que vive no meio da rua,
agasalhe um indigente
coberto só pela lua,
sua parte é ajudar
e o mundo pode mudar
cada um fazendo a sua.

Abrace um desconhecido,
perdoe quem lhe feriu,
se esforce pra reerguer
um amigo que caiu
e tente dar esperança
pra alguém que desistiu.

Convença quem está triste
que vale a pena sorrir,
aconselhe quem parou
que ainda dá pra seguir,
e pr'aquele que errou
dá tempo de corrigir.

Faça o bem por qualquer um
sem perguntar o porquê,
parece fora de moda
soa meio que clichê,
mas quando se ajuda alguém
o ajudado é você.

Que você possa ser bom
começando de janeiro
e que esse sentimento
seja firme e verdadeiro.
Que você viva o Natal
todo ano, o ano inteiro.

Tenho lembranças muito boas do Natal. Na minha infância, era o dia mais esperado do ano, mais até do que o aniversário. Na casa de minha avó nunca existiu uma cultura de fazer a ceia de Natal, mas a cidade fazia uma grande ceia na praça, porque o padroeiro de Alto Santo é o Menino Deus, então o Natal era também a festa do padroeiro.

Alto Santo é uma cidade de 18 mil habitantes que tem um território grande, dividido entre a parte urbana, a sede da cidade, chamada de "rua", e a zona rural, que nós chamamos de "sítios", onde vive metade da população. São mais de 40 sítios, alguns deles muito distantes, até 40 quilômetros de estrada de chão para chegar até a sede.

A noite de Natal tradicionalmente era o momento em que toda a comunidade se encontrava, porque todo mundo dos sítios vinha para a sede. Naquele dia mudava o espírito da cidade, acontecia realmente uma grande comunhão, um grande encontro entre o "povo da rua" e o "povo dos sítios". Você via gente que nunca tinha visto na vida, mas morava na sua cidade, fazia parte da sua história, da sua terra, mas, por morar no sítio, você não via durante o ano. Era incrível.

Lá em casa, a gente jantava normalmente, depois se arrumava e ia para a praça. O Natal era a noite de vestir a melhor roupa. Quando chegava novembro, começavam a perguntar: "Já comprou sua roupa do Natal?" Era o momento em que todo mundo mais se arrumava, usava o melhor perfume e ia para a praça da cidade, onde tinha um monte de barraquinha, de feirinha, de sorvete, de espetinho, de brinquedo... Um espírito de quermesse.

Quando dava 6 horas, a boquinha da noite, a cidade já estava bem movimentada, chegando muito carro, pau de arara cheio de gente em cima, menino, carroça, cabra vindo de jumento, estacionando os jumentos junto dos carros... A cidade se agitava mesmo.

Aí era aquela coisa de ficar passeando, andando de um lado para outro. No centro da cidade tem uma igreja, com uma pracinha na frente e outra pracinha atrás. O que tinha para fazer era ficar dando volta na igreja, de uma praça pra outra, e brincando, encontrando gente, indo nas barraquinhas, enquanto esperava pela missa de Natal.

Quando tocava o sino e era a hora da missa, o povo todo ia para dentro da igreja. Mas era assim: o cabra ia pra missa, mas doido pra acabar, porque depois tinha o forró. Geralmente a missa de Natal terminava à meia-noite. Se começasse a demorar muito, o cantor de forró já começava a testar o som no palco, e se misturava com o padre cantando... Acabava a missa e, quando o padre dizia o último "Amém", o sanfoneiro já puxava um fole, emendando. Antigamente o forró de Natal era no centro comunitário, no meu tempo já era na praça, e a praça era em frente à igreja, a pessoa já descia da missa para ir pro forró pecar de novo.

Quando eu era criança, mamãe não me deixava ficar para o forró. A gente ia mais cedo, dava voltinhas, e quando acabava a missa a consolação era passar por uma das barraquinhas e cada um podia comprar um brinquedo, eu, meu irmão e minha irmã. Depois a gente ia pra casa, e ia feliz.

Era a hora em que você via todo mundo. Até quem nunca saía de casa, na noite de Natal estava lá, era um compromisso a que ninguém podia faltar. Tinha gente que ia para namorar, tinha quem ia para beber, tinha quem ia só para ficar falando da vida alheia, da roupa do povo... Era um momento muito especial para a cidade.

Um episódio que mostra como o Natal era importante aconteceu com meu avô e seu perfume especial. Eu era adolescente, e um dia, no meio do ano, fui escondido até o guarda-roupa de vovô para passar um pouco do perfume Azzaro que ele tinha e eu sonhava em usar. Era um perfume caro, meu avô só usava em ocasiões especiais, e eu achava muito charmoso, minha mãe dizia que era um perfume que tinha "cheiro de homem". E eu não tinha cheiro de homem, eu tinha cheiro de menino que usava um perfume de Sandy & Junior que mamãe comprava na bodega de Ademar ou no Mercantil de Seu Nonato de Agripino.

Vovô me viu pegando o Azzaro e falou apenas, devagar e grave: "Solte agora." E não disse mais nada, não continuou a bronca. Fiquei morrendo de medo e saí bem caladinho. Acabei esquecendo dessa história. Quando foi na noite de Natal daquele ano, já tinham passado uns seis meses, eu tomei banho e estava terminando de me ajeitar para sair quando vovô chegou, com o Azzaro dele na mão: "Tome. Hoje pode."

Na hora eu só pensei "Eita coisa boa!", fiquei feliz, passei e fui. Hoje eu percebo que meu avô não esqueceu da minha vontade de usar aquele perfume, mesmo tantos meses depois. Imagino que ele estava ansioso para chegar um momento em que pudesse fazer esse gesto, porque até então ele tinha se tornado uma espécie de "vilão do Azzaro".

E aí foi justamente na noite de Natal que eu fui para a praça de Azzaro, com "cheiro de homem", mas não arrumei mulher nenhuma...

A mão de um amigo

É justo quando um espinho
perfura seu coração
que você se aperreia
por um amigo, um irmão,
um conhecido, um parente
que sinta o que você sente
e lhe estenda a mão.

O mundo gira e tritura
feito um perverso moinho.
Cava buraco, põe pedra
no meio do seu caminho.
E nessa dura jornada
tem muita pedra pesada
que não se tira sozinho.

Avalie só o peso
da pedra da solidão,
da derrota, da tristeza,
da dor, da decepção,
de tantas pedras que a gente
vai enfrentar pela frente
quer você queira ou não.

Não adianta desviar
deixando a pedra pra trás
se lembre que o mundo gira
num movimento voraz
e lhe obriga a voltar
pra dessa vez enfrentar
o que lhe tirou a paz.

É aí nesse momento
confuso, fraco e cansado
que em vez de olhar pra frente
o cabra olha pro lado
e o medo se faz ausente
pois tem gente com a gente
mesmo tudo dando errado.

Tem gente que lhe diz tudo
que você precisa ouvir
sem sequer abrir a boca,
fazendo você sentir
que por mais que seja duro,
que o caminho seja escuro,
a gente tem que seguir.

Tem gente que lhe entende
às vezes sem concordar
que aceita os seus defeitos
sem precisar lhe mudar
e mesmo que você erre
esse alguém não vai julgar.

Gente precisa de gente
pra sentir cumplicidade
sentir amor, confiança,
segurança e lealdade.
Por isso, nesse caminho,
quem quer caminhar sozinho
não é forte de verdade.

Que o amor seja presente,
que sempre lhe fortaleça,
que a vida lhe dê amigos,
que você sempre agradeça,
que a cada sofrimento
esse belo sentimento
nasça, cresça e permaneça.

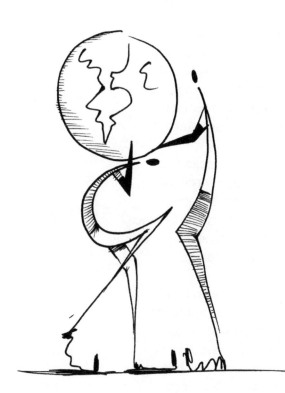

Sempre haverá esperança

Enquanto o amor pesar
mais que o mal na balança,
enquanto existir pureza
no olhar de uma criança,
enquanto houver um abraço,
há de haver esperança.

Enquanto nosso perdão
for mais forte que a vingança,
enquanto se acreditar
que quem acredita alcança,
enquanto houver ternura,
há de haver esperança.

Enquanto você sorrir
por uma boa lembrança,
enquanto você lutar
com uma força que não cansa,
enquanto você for forte,
há de haver esperança.

Enquanto a canção tocar,
enquanto seu corpo dança,
enquanto nossas ações
forem nossa grande herança,
enquanto houver bondade,
há de haver esperança.

Enquanto se acreditar
numa sonhada mudança...
pelo fim da violência,
pelo fim da insegurança,
enquanto existir a vida,
há de haver esperança.

Esperança no amanhã
e no agora também.
Tenha pressa, é urgente,
não espere por ninguém.
Não adianta esperança
se você não faz o bem.

Transforme sua esperança
em algo que não espera.
É no meio da maldade
que a bondade prospera.
É justo no desespero
que a paz chega e impera.

É quando se está sozinho
que um abraço tem valor.
Repare que é no frio
que a gente busca o calor.
E é justo onde existe ódio
que tem que espalhar amor.

Não adianta assistir,
não adianta observar,
se você não se mexer,
as coisas não vão mudar.
E até a esperança
vai cansar de esperar.

O mundo já lhe esperou
desde a hora de nascer.
Lhe apresentou a vida
e fez você entender
que se o problema é o homem,
o homem vai resolver.

Afinal, a gente nasce
sem trazer nada pra cá,
na hora de ir embora
o mesmo nada vai levar.
O que importa de verdade
é o que a gente vai deixar.

**Não adianta assistir,
não adianta observar,
se você não se mexer,
as coisas não vão mudar.
E até a esperança
vai cansar de esperar.**

#PoesiaQueTransforma

Pai: de desconhecido a eterno

Talvez no primeiro toque,
talvez no primeiro olhar,
talvez na primeira vez
que eu ouvi você falar,
que eu segurei sua mão,
que recebi atenção,
pequeno, recém-nascido,
eu não tive consciência
e essa minha inocência
lhe fez um "Desconhecido".

O tempo não muda os olhos
mas mudou o meu olhar,
passei a lhe conhecer,
passei a lhe admirar,
e, muito observador,
observei que amor
é algo que se constrói.
Ali tinha percebido
que aquele desconhecido
já era meu grande herói.

Com o tempo acelerando
eu cresci mais um pouquinho
é quando a gente acredita
que já conhece o caminho
e você, pai, insistia
contra minha rebeldia
me mostrando a direção
e o olhar do adolescente
passa a lhe ver diferente:
o herói vira vilão.

E você, tão paciente,
espera o tempo passar
com a virtude dos justos
e o dom de perdoar
me vê amadurecer
e perceber que você
é cuidado, é abrigo,
é conselho, é proteção,
e de repente o vilão
vira meu melhor amigo.

E o tempo ainda acelera
não volta, só vai pra frente
resta guardar o passado
e aproveitar o presente.
Do seu lado o futuro
nem parece inseguro
e o hoje é intensidade.
O tempo não vai parar
e um dia, sem avisar,
o amigo vira saudade.

É aí que carne e osso
se transformam em sentimento
dessa vez o tempo para
e é justo nesse momento
que aquele "Desconhecido"
jamais será esquecido.
Um sentimento tão terno
um amor que é de verdade
faz o que era saudade
se transformar em "Eterno".

Meus pais se separaram quando eu tinha 8 anos, meu irmão 5, e minha irmã, menos de 2. Meu pai precisou ir para São Paulo procurar trabalho, e quando digo isso as pessoas logo pensam que ele abandonou os filhos e deixou três crianças para a mulher criar. Mas não foi assim, não fomos abandonados. Ele foi embora porque, após a separação, precisava buscar outras oportunidades e principalmente um trabalho para ajudar em nossa criação, e não tinha mais o que fazer em Alto Santo.

Então meu pai se tornou um retirante. Primeiro, foi trabalhar no Brás, bairro que é praticamente uma filial de Alto Santo em São Paulo, tantos são os alto-santenses que trabalham lá. Depois de um tempo, perdeu o emprego e foi morar em uma favela em Diadema. Ainda assim, todo domingo a gente se falava por telefone.

Muitas vezes ouvi falarem para minha mãe: "Na hora em que os meninos mais precisam de um pai, ele não está aqui." Não senti dessa forma. Quando eles se separaram, fomos morar na casa do meu avô e, de certa forma, ganhei um segundo pai. Não perdi o meu pai, mas meu avô assumiu essa lacuna.

E vi minha mãe se tornar uma gigante, o que ajudou para que eu admirasse ainda mais a força dela e não sentisse tanto a falta de meu pai. Eu tinha meu avô, minha avó, minha mãe, meus irmãos, era criança e estava mais preocupado em brincar.

Na verdade, a hora em que eu mais precisei de meu pai foi agora, aos 30 e poucos anos. Depois de vinte anos vivendo em São Paulo, ele e sua segunda esposa venderam a casa que construíram, com muito esforço, no terreno do barraco e voltaram para Alto Santo, para descansar, para ele estar mais perto dos filhos, e acho até que para viver o que não viveu. Por incrível que pareça, a segunda esposa de meu pai é uma alto-santense que ele conheceu em São Paulo alguns anos depois de ter se mudado para lá. Sempre digo: não é o mundo que é pequeno, é Alto Santo que é grande!

Hoje meu pai é meu braço direito, um grande amigo e, sem sombra de dúvida, uma das pessoas em que eu mais confio. É ele quem me ajuda em tudo, cuida da minha casa quando estou fora, viaja comigo quando eu preciso, dirige quando estou cansado, é meu psicólogo, me escuta e também fala muito! Pense num cabra que fala, é ele. Se uma fatura chegar na minha casa e estiver atrasada, ele me liga dando um carão, dizendo que eu tenho que pagar. Mas sei que posso contar com ele. Se eu perder um voo de volta para o Ceará, tenho certeza de que ele vai pegar o carro e dirigir até o Rio de Janeiro para me buscar e levar de volta para Alto Santo.

Depois que papai voltou de São Paulo foi que a gente passou a conversar muito, e comecei a preencher a lacuna do que eu não sabia sobre a história dele. Descobri recentemente, por exemplo, que ele já morou no Rio de Janeiro e trabalhou numa empresa em Copacabana que fazia entregas diversas numa época em que ainda não existia serviço de delivery de nada. Outro dia, estávamos passando em Fortaleza, e ele mostrou onde tinha sido sua primeira escola.

Na época em que criei a página e comecei a ficar famoso na internet, ele estava em São Paulo e acompanhou tudo por telefone. Ele me aconselhava, queria saber se aquilo ia dar dinheiro... Hoje nosso contato é muito estreito, ele é alguém em quem eu confio para tudo. Quando Camila e eu resolvemos construir nossa casa em Alto Santo, foi ele quem pegou o terreno, só o chão batido, e fez tudo. Tomou conta da obra durante oito meses, e eu não comprei um prego sequer, era tudo com ele. Eu só ia mandando o dinheiro. Na época da construção da casa, eu odiava quando chegava em Alto Santo e papai vinha prestar contas com planilhas: R$2 de pregos, R$3,50 de parafusos... É a pessoa mais organizada que conheço.

Meu pai teve um papel muito forte para que eu entendesse o sentido da palavra perdão, principalmente perdoando a mim mesmo. Num primeiro momento, aos 10, 11 anos, eu cheguei a julgá-lo. É difícil para uma criança entender por que os amigos têm o pai e a mãe juntos, e ela não tem. Depois, percebi que ele não tinha culpa, e eu precisava me perdoar por tê-lo julgado. Foi muito mais difícil pensar em como eu era injusto julgando meu pai, me bloqueando. Às vezes ele ligava e eu, pré-adolescente, era seco, lacônico, e estava agindo errado. Eu não parava para pensar que ele estava sentindo saudade. Enquanto eu estava perto de todo mundo — minha mãe, meus irmãos, meus avós —, ele estava num barraco em Diadema, sofrendo.

A verdade é que a separação dos meus pais me ensinou, desde muito cedo, que a vida não é como a gente quer desenhar. Deus faz o desenho e a gente vai pintando do nosso jeito. Mesmo sem ser perfeita, minha vida sempre foi muito colorida.

Essa parte que desenha meu pai eu pintei de amor, perdão e gratidão.

Um matuto em Nova Iorque

My brother, sou nordestino
nascido lá no sertão.
Whisky pra mim é cana
misturada com limão.
Matuto do pé rachado,
danço forró e xaxado
e adoro cantoria.
Na minha terra é assim,
o tal do bacon é toicim
e Mary lá é Maria.

Vim bater em Nova Iorque,
conhecer outra cultura.
Vi gente de todo tipo
e prédio de toda altura.
Muita luz, badalação,
movimento, agitação,
dialeto diferente,
sorry, thank you e oqueis.
Mas não sei falar inglês
fico aqui com meu oxente.

Tô aqui na Times Square
mas prefiro o meu terreiro
onde a vida não tem pressa,
não passa assim tão ligeiro.
Aqui tem loja grã-fina,
muita luz que ilumina
e tudo pra ser comprado.
Porém lá no meu sertão
o crédito do cartão
é o caderno do fiado.

Ali tem cachorro-quente,
mas não vale uma buchada.
Hambúrguer não chega aos pés
de carne de sol torrada.
Milho assado na fogueira,
rapadura, macaxeira,
castanha feita na brasa.
Caminhei e dei um giro
e tô certo que prefiro
a rua da minha casa.

Nova Iorque é muito bela,
dá pro cabra se encantar,
porém toda essa beleza
não consegue superar
minha cidade, meu canto,
meu pequeno Alto Santo
que eu amo e quero bem.
Sou mais um cabra da peste
e não troco o meu Nordeste
por States de ninguém.

Honestidade

Na lavoura dessa vida
desde cedo eu pelejei.
Recordo cada semente
que na terra eu sepultei,
e tive que aprender
que eu só podia colher
da árvore que plantei.

Aprendi que muito cedo
o cabra já é testado,
pois tem sempre dois caminhos,
frente a frente, lado a lado,
e a gente tem que escolher
a estrada a percorrer
e o caminho a ser trilhado.

Não sou culto, nem letrado,
vermelho, falo "vermeio",
caminho de pés no chão
e nunca achei isso feio.
Feio é quem não aprendeu
a cuidar do que é seu
pra cobiçar o alheio.

Eu já vi muita família
passando por precisão,
cinco, sete, até dez filhos
na seca lá do sertão
no meio da desigualdade
vencendo a dificuldade
sem nenhum virar ladrão.

Todo dia eu peço a Deus
saúde pra trabalhar,
que me dê sabedoria
e coragem pra lutar
e que eu perceba, sim,
que só vem até a mim
aquilo que eu for buscar.

Que eu não sinta inveja
da riqueza de ninguém.
E se um dia eu enricar
que eu não esqueça também
que, grã-fino ou da ralé,
a gente é o que é,
e não aquilo que tem.

Aquilo que tem valor
dinheiro não vai comprar,
sentimentos, atitudes,
histórias pra se contar.
Todo o resto é passageiro
e no dia derradeiro
ninguém consegue levar.

Será mesmo que compensa
ter barco, moto e carrão,
ter conforto e segurança
morando numa mansão
mas quando olhar no espelho
dar de cara com um ladrão?

E olhando pro espelho,
refletindo a consciência,
é que a gente descobre,
sem precisar de ciência,
com toda a simplicidade,
que caráter e honestidade
vêm de dentro da essência.

E é justo essa essência
que mostra nossa beleza,
seja o cabra rico ou pobre,
plebeu ou da realeza.
Ter na conta honestidade
é nossa maior riqueza.

**Aquilo que tem valor
dinheiro não vai comprar,
sentimentos, atitudes,
histórias pra se contar.
Todo o resto é passageiro
e no dia derradeiro
ninguém consegue levar.**

#PoesiaQueTransforma

Poesia que transforma

A poesia me transforma
em tantas formas.

Quando escrevo deixo de ser eu,
me transformo em ninguém
pra me transformar em todo mundo.

A poesia é transformação,
é verbo e ação.

Transformar...
O ódio em amar
O Sertão em mar
O silêncio em falar
A dor na coluna em dançar
A timidez em cantar
A desesperança em sonhar
O medo de altura em voar e saltar
A ré em recomeçar.

A poesia me transformou
e me fez transformador.

A poesia que transforma, na prática

Sempre acreditei que cada um de nós tem uma missão aqui na Terra. Costumo dizer (e é possível que já tenha dito em algum lugar deste livro) que viemos para este mundo sem trazer nada, vamos embora sem levar nada, mas podemos deixar muita coisa boa. Todos os dias recebo diversos depoimentos, de todo tipo de gente, contando como minha poesia transformou suas vidas. A cada nova história sinto que essa é a parte boa que estou deixando por aqui!

Os depoimentos a seguir foram deixados na minha página do Facebook, e agradeço especialmente a cada um que dividiu comigo um pouquinho da sua história.

Tenho 53 anos e 2017 foi o ano mais difícil da minha vida. Tive depressão, não conseguia sequer trabalhar. Quem me conhece nem acredita. Um dia recebi por WhatsApp o vídeo do seu poema "Recomece". Passei a assisti-lo diariamente e a acompanhar seu trabalho no Encontro. Percebi uma poesia que mexe com a gente, diferente, e que me ajudou no processo de recuperação. Voltei a estudar (minha terceira graduação) e quero fazer meu trabalho de conclusão sobre o seu trabalho com poesia. Tenho certeza absoluta que não fui a única. Sua obra tem algo de simples e ao mesmo tempo forte que realmente encanta e consegue mudar pensamentos.

— **Carla** CURITIBA, PR

Da última vez que tive pensamentos suicidas ouvi seus poemas "Se" e "Recomece", e eles me fizeram desistir, levantar a cabeça e seguir em frente. Seus poemas me fortalecem cada dia mais. Pelo seu exemplo, com sua admiração por Patativa, acabei virando uma grande fã dele e hoje escrevo alguns poemas, escrevo cordéis, mas são raros. Você é uma grande inspiração pra mim. E seu livro é extraordinário. Obrigada por me fazer insistir.

— **Talyta** VÁRZEA DA ROÇA, BA

Todas as vezes que estou no fundo do poço e tenho o prazer de ouvir você ao vivo, como se estivesse recitando para mim, penso: "A vida é muito simples. Nós é que dificultamos o caminho." Então me sinto melhor e desisto de cultivar os pensamentos ruins.

— **Vera** RIO DE JANEIRO, RJ

O poema "Se", quando eu li, me tocou muito por conta dos problemas que estava tendo com o homem que hoje é meu ex--namorado. Refleti muito depois que eu li várias vezes, e vi que não poderia deixar o "se" me dominar!

— **Patricia** SAMAMBAIA, DF

Eu estava sem falar com a minha irmã havia algum tempo, e no dia do aniversário dela eu chorava muito tentando fazer um texto para ela, pois não vinha nada na minha mente, quando eu lembrei do cordel sobre irmãos que você havia recitado no Encontro com Fátima Bernardes. Aí fui ver novamente com mais atenção e vi que retratava muito a nossa história. Publiquei na timeline dela e foi lindo poder abraçar minha irmã, com quem não conversava há muito tempo! Obrigado por proporcionar isso em minha família.

— **Fernando** GUARUJÁ, SP

Quando descobri que tinha contraído o vírus HIV pensei diversas vezes em acabar com a minha vida. Mas eis que uma bela sexta eu estava vendo Encontro com Fátima Bernardes e você recitou o poema do recomeço. Naquele momento percebi que poderia, sim, recomeçar minha linda vida com algumas alterações. Hoje continuo numa busca contínua pela felicidade.

— **Jonathan** VOLTA REDONDA, RJ

Perdi minha filha em 2015 e muitas vezes, quando estou muito triste, vejo seus vídeos. Seus poemas me ajudam a curar minha dor. A luta da minha filha contra o câncer foi muito longa e ela se foi em uma última tentativa de cura (um transplante). Aí você fez um poema que fala que "desistir, se trocar o D por R fica resistir", e é isso que faço todos os dias.

— **Regina** SÃO PAULO, SP

Seu poema sobre cachorros é o meu preferido. Eu chorei ao ver você recitar. Amo os animais. Recentemente adotei mais uma cachorrinha que foi atropelada em frente de casa. Tentei encontrar o dono, já que ela possuía coleira e era muito dócil, mesmo sendo pit bull. Então acabei ficando com ela. Agora eu tenho cinco crianças de patinhas. Todas da raça do amor, meus vira-latas que amo muito. Sou bióloga e fiquei superemocionada com esse poema. Pois a vida deles é importante, assim como a nossa.

— **Suilan** SANTANA, AP

"Recomece" chegou em um momento muito difícil na vida da minha família, e foi um acalanto para o meu coração. Fomos enganados pela justiça burocrática deste país em um processo de adoção. Ainda estamos nos recuperando do drama que vivemos.

— **Andréa** NOVA PETRÓPOLIS, RS

Eu era casada, num relacionamento de 12 anos (entre namoro e casamento), planejamos a gravidez e, com 12 dias de vida da minha filha, meu então marido pediu o divórcio. Se envolveu com uma mulher do trabalho e largou tudo. Fiquei sem chão. Mas Deus é maravilhoso e arrumou tudo para minha mudança e recomeço. Seu poema "Recomece" define perfeitamente tudo o que vivi. Sou sua fã desde então.

— **Fernanda** RESENDE, RJ

Muito sábias as suas palavras no poema das redes sociais: "Estamos perto e não percebemos por causa do celular e com o celular estamos longe e queremos estar perto." Minha mãe teve um AVC há pouco tempo, sempre assiste ao seu cordel no Encontro e fica toda emocionada, e eu também.

— **Caroline** MIGUEL PEREIRA, RJ

Todos os seus poemas são esperados com ansiedade por mim e por meus amigos, que nesse exato momento, toda sexta, estamos fazendo hemodiálise. Sempre há uma palavra que ajuda a renovar e acreditar que, independentemente da situação, podemos ser felizes. Muito obrigada e estamos toda sexta à sua espera.

— **Ana Paula** OLINDA, PE

Estava com depressão de tanto meu marido falar da minha feiura, da minha aparência, daí fui almoçar assistindo ao programa da Fátima Bernardes e ouvi você recitar um poema sobre beleza interior. Ouvi, me emocionei, peguei meus remédios, que não eram poucos, olhei para ele e disse "nunca mais você me fala que eu sou feia, e a partir de hoje não tomo mais remédio". E foi o que aconteceu. Não tenho mais depressão, me amo e nunca mais deixei de te ouvir. Amo seu trabalho.

— **Edna** LUZ, MG

Todos os seus poemas fazem bem à alma. Sou nordestina com muito orgulho, e me sinto em casa cada vez que ouço suas declamações. Sou grata a você pela bandeira que carrega exaltando nosso Nordeste rico de um povo batalhador que não se intimida à toa. Deus te abençoe!

— **Marilma** SUZANO, SP

Eu fui rejeitada por um pai que não me assumiu, mas fui es-colhida por alguém tão querido, que me ensinou os valores da vida. Este era nordestino, veio para o Espírito Santo fugindo da seca do seu querido Nordeste. Todos os teus poemas me fazem lembrar dele, que hoje mora no céu. Ele tinha paixão pelo seu Nordeste, por Gonzaga, pelas comidas, e eu aprendi a gostar de tudo isso. Tenho saudades, mas meu filho tem o nome dele como expressão do meu carinho.

— Cidjane SÃO GABRIEL DA PALHA, ES

Todos os seus poemas têm algo de muito especial, todos eles to-cam de uma forma inexplicável. Em minha vida, eles têm rea-lizado um papel enorme, parece que estão sempre direciona-dos a algo que estou vivendo, mas um dos que mais marcaram e que sempre, quando revejo, provoca algo diferente em mim é o "Resistir", ele de alguma forma nos traz força, paz interior... Muito obrigada por nos encantar, nos ajudar, nos mostrar quão maravilhosa é a vida, apesar de tudo, com a graça e a be-leza de seus poemas! Pode ter total convicção de que seus poe-mas têm salvado e transformado muitas vidas, assim como fez e faz com a minha.

— Ângela UBAJARA, CE

Imagine a paz

Um dia eu imaginei
um mundo sem armamentos,
sem brigas religiosas,
sem ataques violentos,
sem bombas, tiros e balas,
sem ninguém fazendo as malas
fugindo dos sofrimentos.

Um dia eu imaginei
um mundo sem terrorismo,
sem preconceito nenhum,
sem vingança, sem racismo,
sem a tal intolerância
munida pela ganância
e tanto individualismo.

Um dia eu imaginei
um mundo que não tem guerra,
que não se derrama sangue
por um pedaço de terra.
Sem grade, muro, barreira.
Às vezes numa poeira
a humanidade se enterra.

Um dia eu imaginei
um mundo sem ditadores,
um mundo sem julgamentos
desses falsos julgadores
que enchem nossos caminhos
com um monte de espinhos
e arrancam nossas flores.

Um dia eu imaginei
um jornal com a matéria:
O mundo hoje está livre
de toda fome e miséria
que as guerras têm causado
deixando o homem curado
dessa doença tão séria.

Nesse mundo, todo mundo
sabia se respeitar,
cada um com sua fé,
com seu jeito de pensar,
buscando fazer o bem
sem fazer mal a ninguém,
procurando melhorar.

Nesse mundo, todo mundo
podia se abraçar,
conhecer outras culturas,
ir pra longe e viajar,
apreciar a beleza
carregando a certeza
de que um dia pode voltar.

Nesse mundo, todo mundo
entendia o que era amar,
repartia cada pão,
fazia o bem sem cobrar,
convivendo em harmonia,
e sempre que alguém caía
tinha alguém pra levantar.

Nesse mundo, todo mundo
aprendeu a ajudar,
a olhar também pro outro
com a missão de cuidar
com amor e alegria,
e sempre que alguém sofria
tinha alguém pra confortar.

Parece até fantasia,
difícil de acreditar.
Há quem diga que é bobagem,
que é loucura imaginar.
Mas não perco a esperança,
é imaginando a mudança
que se começa a mudar!

Agradecimento

Agradeço a Deus, que me fez poeta!

Morreu Maria Preá

CONHEÇA OS LIVROS DE BRÁULIO BESSA

Poesia que transforma

Recomece

Para saber mais sobre os títulos e autores da Editora Sextante, visite o nosso site. Além de informações sobre os próximos lançamentos, você terá acesso a conteúdos exclusivos e poderá participar de promoções e sorteios.

sextante.com.br